Andreas Zivy

Die dekonstruierte Gesellschaft

oder das Ende der Aufklärung

Schwabe Verlag

Bibliografische Information der Deutschen Nationalbibliothek
Die Deutsche Nationalbibliothek verzeichnet diese Publikation in der Deutschen Nationalbibliografie; detaillierte bibliografische Daten sind im Internet über http://dnb.dnb.de abrufbar.

Abbildung Umschlag: Sorin Ionita c/o Expert Forum, Bukarest, Rumänien
Korrektorat: Thomas Lüttenberg, München
Cover: icona basel gmbh, Basel
Layout: icona basel gmbh, Basel
Satz: 3w+p, Rimpar
Druck: Beltz Grafische Betriebe GmbH, Bad Langensalza
Printed in Germany
Herstellerinformation: Schwabe Verlag, Schwabe Verlagsgruppe AG, St. Alban-Vorstadt 76, CH-4052 Basel, info@schwabeverlag.ch
Verantwortliche Person gem. Art. 16 GPSR: Schwabe Verlag GmbH, Marienstraße 28, D-10117 Berlin, info@schwabeverlag.de
ISBN Printausgabe 978-3-7965-5427-8
ISBN eBook 978-3-7965-5428-5

rights@schwabe.ch
www.schwabe.ch

«Ich bin nicht immer meiner Meinung.»
Paul Valéry

Inhalt

Einleitung

Uns allen begegnet dekonstruktivistische Architektur in unserem täglichen Leben oder als Tourist. Ob der erste Bau von Frank Gehry oder der letzte Bau von Herzog & de Meuron in der Vitra-Fabrik in Weil am Rhein; die Reiss-Bar in Wien oder das Musée des Confluences in Lyon von Coop Himmelb(l)au; das CCTV-Headquarter von Rem Kohlhaas in Beijing oder viele andere Gebäude, deren Grundprinzip schon 1988 unter dem Titel «Dekonstruktivistische Architektur» in einer Ausstellung des MoMA New York gewürdigt wurde: Der Dekonstruktivismus ist die vorherrschende Richtung qualitativ hochstehender Architektur unserer Zeit.

Weniger klar ist, warum die Architekten so bauen. Es erscheint weder sinnvoll noch wirtschaftlich, einen kompakt und optimal genutzten Raum auseinander zu nehmen und in einer technisch viel anspruchsvolleren und räumlich verschwenderischen Art wieder zusammenzusetzen. Abgesehen von den philosophischen und gesellschaftskritischen Bezügen am Anfang des Dekonstruktivismus in den 1970er und 1980er Jahren dürften die Lust am Spiel mit ungesehenen Formen, neue Möglichkeiten bei Material und Technik und exorbitante Budgets und Repräsentationsansprüche öffentlicher Architektur, wie sie früher nur Fürsten und die katholische Kirche aufgebracht haben, wesentlich für die Entwicklung dieser Architektur gewesen sein. Aber sicher spiegeln diese Architekten auch, bewusst oder unbewusst, allgemeine gesellschaftliche Entwicklungen und Empfindungen ihrer Zeit.

Nach 1968 haben Homogenität, Struktur und Zusammenhalt der Gesellschaft laufend abgenommen. Heute gelten viele der Grundlagen der damaligen Gesellschaft der *baby boomer* nicht mehr. Organisationen wie Kirche, Parteien und Gewerkschaften haben ihre gestaltende Kraft verloren; Eliten der Wirtschaft, der Wissenschaft und der Medien werden mit Misstrauen, Unglauben und Geringschätzung wahrgenommen; die Autorität von Politikern, Lehrern, Eltern wird in Frage gestellt; und um früher eindeutige Kategorien wie Geschlecht, Religion und Nationalität wird intensiv gerungen, während sie gleichzeitig ihre dominierende Rolle verloren haben. Unsere individuelle Selbstbezogenheit nimmt überhand, während unser Gemeinsinn erodiert. Was wir in den westlichen Demokratien miterleben, ist recht eigentlich der Verlust einer dominierenden geistigen Kultur, die seit der Aufklärung nach und nach entstanden ist, und vor allem nach dem Zweiten Weltkrieg für eine nie gekannte Periode von Frieden, Freiheit und Wohlstand verantwortlich war. Es ist das Ende der bürgerlichen Aufklärung, wie wir sie mit ihren Segnungen und Schattenseiten kennen und mit der wir gross geworden sind. Es ist das Wiedererwachen der ‹transzendentalen Obdachlosigkeit›, die Georg Lukács in den 1920er Jahren diagnostiziert hat, auf die die unseligen 30-er Jahre mit ihrer weltumfassenden Destruktivität folgten. Die Geschichte wiederholt sich nicht, aber die westlichen Demokratien sind wieder an einem gefährlichen Punkt in ihrer Geschichte angelangt.

Dieser Essay versucht, das Aufbrechen unserer Gesellschaft in Fragmente, von denen wir noch nicht wissen, wie wir sie wieder zusammensetzen können, in den verschiedensten Bereichen anschaulich zu machen. Der Begriff der Dekonstruktion wird nicht als theoretisches Konzept verwendet, sondern als Veranschaulichung einer Entwicklung, bei der ein bisher bestehendes Ganzes in seine Einzelteile zerlegt wird. Dies geschieht gerade gleichzeitig in wesentlichen Bereichen unserer Gesellschaft und Wirtschaft und ist dadurch vielleicht zum prägenden Ordnungsprinzip unserer Zeit geworden. Das Resultat davon ist, dass wir fassungslos der Zerstörung unseres demokratischen Konsenses beiwohnen.

Geschichtliche Entwicklungen sind immer dem Zusammentreffen einer Vielfalt von Faktoren geschuldet. Basierend auf vielen hervorragenden, aber oft sehr spezialisierten wissenschaftlichen Analysen soll hier der Versuch einer vielleicht vereinfachenden, aber für das Verständnis wie auch für das Nachdenken über Lösungsansätze notwendigen ganzheitlichen Erklärung für den in den letzten Jahren beschleunigten und ins allgemeine Bewusstsein gedrungenen Demokratieabbau gemacht werden. Und wer nicht daran glaubt, dass dieser unter dem verniedlichenden Begriff des Populismus daherkommende Demokratieabbau, wenn er nicht gestoppt werden kann, nur die Vorstufe viel schlimmerer Entwicklungen hin zu Diktatur und Krieg ist, der sei daran erinnert, dass heute in unserem politischen Leben mach- und sagbar geworden ist, was noch vor wenigen Jahren undenkbar war.

Kapitel 1: Der Mensch von morgen

1978 kam in Manchester Louise Brown auf die Welt, das erste In-vitro-Baby in der Geschichte. Es war völlig normal, obwohl es nicht im Körper seiner Mutter gezeugt worden war, sondern im Reagenzglas. Aber sowohl das Ei, das seiner Mutter entnommen wurde, als auch die Spermien seines Vaters waren ‹das Original›, die von der Biologie vorgesehenen Ingredienzen zur Erzeugung eines Embryos. Die Technik der In-vitro-Fertilisation (IVF) hat Millionen von Eltern ihren Kinderwunsch erfüllt. Sie war aber auch der Beginn einer Medizin, die bisher geltende natürliche Schranken der Biologie überwand und daseinsverändernde Eingriffe in den Körper möglich machte, die nach und nach allgemeine Akzeptanz fanden. Sie ist damit ein eindrückliches Beispiel für das einleitend beschriebene übergeordnete Ordnungsprinzip unserer Zeit, ein bisher unantastbares Ganzes in seine Einzelteile zu zerlegen und neu zu kombinieren.

Da die In-vitro-Fertilisation für viele Menschen auf der Welt unerschwinglich, sehr oft erfolglos, schmerzhaft und begrenzt auf Mütter in zeugungsfähigem Alter ist, forschen wir inzwischen intensiv an der Erzeugung von Eiern aus Stammzellen, also einer einem Menschen entnommenen Hautzelle. Die Technologie heisst In-vitro-Gametogenese (IVG).

2006 entwickelten Shin'ya Yamanaka und Takahashi Kazutoshi von der Universität Kyoto Stammzellen, sogenannte *induced pluripotent stem cells* (iPSC), aus der Haut von Mäusen, die den Stammzellen von Embryos sehr ähnlich sind. Zehn Jahre später gelang es einem Team der Universität Kyushu unter der Leitung von Katsuhiko Hayashi, aus iPSC einer weiblichen Maus Eizellen zu entwickeln, die man befruchtete und Mäusen einpflanzte, die kurz darauf acht gesunde Mäusewelpen gebaren. 2023 konnte dasselbe Team schon Mäusewelpen züchten, die gänzlich von männlichen Mäusen abstammten. Die Eier hatte man aus den Hautzellen einer männlichen Maus entwickelt, während das Sperma von einer männlichen Maus beigesteuert wurde. Auch das muss nicht immer so bleiben, aber da Sperma im Überfluss vorhanden ist, während Eizellen viel seltener und viel fragiler sind, konzentriert sich die Reproduktionsforschung auf die Erzeugung von überlebensfähigen Eiern und nicht auf den Ersatz von männlichem Sperma.

In-vitro-Gametogenese könnte also nicht nur bedeuten, dass das Geschlecht und das Alter der Eltern völlig unwichtig werden, sondern auch, dass man ohne grossen Aufwand derart viele Eizellen herstellen kann, dass man sie umfassend auf genetische Defekte, aber auch genetische Qualitäten hin untersuchen kann und die besten davon zu Kindern werden lässt. Bei der In-vitro-Fertilisation geschieht dies heute schon.

Die menschliche Fortpflanzung ist also innerhalb von 50 Jahren zunehmend unabhängig von der Sexualität geworden und scheint nun auch unabhängig von den beiden biologischen Geschlechtern des Menschen zu werden. Damit wird das Kinderkriegen auch unabhängig vom Alter der Eltern, denn inskünftig kann man Kinder haben, wie man will und wann man will. Gleichgeschlechtliche Eltern können leibliche Kinder haben.

Es geht nicht darum, Angst vor einem Frankenstein-Zeitalter zu erzeugen. Das Schaf Dolly wurde 1996 in Edinburgh geklont, ohne dass es seither zu einer zweifelsohne technisch möglichen breiten Anwendung des Klonens gekommen ist.

Dabei gäbe es sicher genug Narzissten, die der Welt liebend gerne ein Klon von sich selbst hinterlassen würden. Auch bei IVG warnen die Forscher vor überhöhten Erwartungen. Es ist nicht sicher, ob das, was bei Mäusen möglich ist, auch bei Menschen funktioniert, und wenn, dann dauert es vielleicht noch eine oder zwei Generationen, bis diese Technologie in den Alltag eingeflossen ist. Auch bei Mäusen entwickeln sich nur 5 Prozent der durch IVG erzeugten Eier zu Welpen.

Tatsache ist aber, dass eine relativ einfache, geschlechtlich binär strukturierte Gesellschaft innerhalb einer Generation in eine Vielfalt von sexuellen und familiären Ausrichtungen aufgesplittert wurde, die vorher wohl existiert haben, aber nicht sichtbar waren und damit gesellschaftlich und politisch nicht berücksichtigt wurden. Die ethischen Fragen, die sich durch die Möglichkeit der Geschlechtsumwandlung, der gleichgeschlechtlichen Elternschaft und der modernen Fortpflanzungsmedizin ergeben, sind so wenig gesellschaftlich verarbeitet und gelöst wie das bei anderen neuen Technologien wie den Social Media oder der künstlichen Intelligenz der Fall ist. Auch die rechtlichen Folgen einer atomisierten Sexualität sind nur ansatzweise erkannt und gelöst. Es gerät oft in Vergessenheit, dass die Obsession mit der Sexualität und die gleichzeitige sexuelle Repression der Frauen, die die Geschichte der Menschheit seit ihrer Sesshaftigkeit prägt, einen sehr materiellen und rechtlichen Hintergrund hat: Wer ist wessen Kind, wer erbt was von wem? *Mater certa, pater incertus est*, diese Frage trieb die Menschheit im Patriarchat während Jahrtausenden um, und um sicherzustellen, dass die Söhne die eigenen waren und nicht diejenigen eines anderen Mannes, mussten Frauen eingesperrt, verschleiert, unterdrückt und jederzeit überwacht werden. Erben ist dabei nicht nur eine Frage von Gütern, sondern auch eine Frage von Titeln, Ämtern, Machtbefugnissen und Privilegien. Beides zusammen, die Macht und das Geld, macht das aus, was Machthaber zu allen Zeiten um jeden Preis anstreben und weshalb Diktatur und Oligarchie in der Geschichte der sesshaften Menschheit die Norm und nicht die Ausnahme sind. Die neuen Familien- und Fortpflanzungsmodelle berühren also ganz fundamentale materielle Interessen und nicht nur kulturelle Fragen wie den Lebensstil, bei denen sich traditionell und konservativ empfindende Menschen von zukunftsoffenen und toleranten Menschen unterscheiden.[1]

Die Ablösung der alten Gewissheiten und der eigenen Überzeugungen, wie unsere Gesellschaft geschlechtlich und familiär organisiert sein soll, könnte eine dieser grundlegenden Kränkungen in der Geschichte der Menschheit sein, so wie die Psychologie sie gerne bei Kopernikus – die Erde dreht sich um die Sonne –, Darwin – der Mensch stammt vom Affen ab – und Freud – der Mensch ist nicht Herr in seinem Haus – diagnostiziert und als Ursache für gesellschaftliches Unbehagen benannt hat.

Die In-vitro-Gametogenese beschränkt sich auf menschliche Rohstoffe, um daraus Menschen zu machen. Anders sieht es bei der Forschung zur künstlichen Intelligenz, zu neuronalen Netzwerken und zu unserem Gehirn aus.

Ray Kurzweil ist 76 Jahre alt, aber immer noch Chief Engineering Officer, Leiter der technischen Entwicklung, bei Google. Er möchte 150 Jahre alt werden, nimmt deshalb jeden Tag unzählige Pillen und lässt sich von seinen Ärzten regelmässig bescheinigen, dass sein Körper 20 Jahre jünger ist, als es seinem biologischen Alter entspricht. Ray Kurzweil ist Vordenker des Transhumanismus und Prophet der Singularität, die er 2045 eintreten sieht.[2] Was sind Singularität und Transhumanismus? Singularität im Kurzweil'schen Sinn ist der Zeitpunkt, an dem Computer intelligenter als Menschen werden und die Geheimnisse des menschlichen Gehirns restlos entschlüsselt haben werden. Dann werden die Maschinen alle Fähigkeiten haben, die der Mensch jetzt auch hat, sich selbst jedoch mit ihrer unendlich viel grösseren Rechenleistung sehr schnell intelligenter machen können. Sie werden auch verstehen, wie man mit unserem Gehirn direkt kommunizieren kann, vielleicht als Microcomputer in der Blutbahn der Menschen oder mit einer Art Bluetooth-Technologie, durch die der Computer sich nahtlos mit unserem Gehirn austauschen kann. Noch einen Schritt weiter wird auch das nicht mehr nötig sein, denn der Computer wird ganz einfach unser Gehirn kopieren und speichern und unseren Körper dann vielleicht entsorgen, sofern er ihn nicht für gewisse Verrichtungen weiter so gebraucht, wie wir Roboter gebrauchen. Das wird dann auch bedeuten, dass wir in Form des Computers unsterblich geworden sind, denn abgespeicherte Daten können unendlich lange verwendet werden. Das ist die Phase nach der Singularität, diejenige des Transhumanismus.

Kurzweil wird oft vorgeworfen, seine Zukunftsvisionen glichen einer religiösen Überzeugung, entbehrten aber einem wissenschaftlichen Fundament, umso mehr als die Wissenschaft keine Vorhersagen für die Zukunft macht. Wer aber die Entwicklungskurve der künstlichen Intelligenz anschaut, wird feststellen, dass ihre Fortschritte in den letzten Jahren exponentiell waren und dass ihr Abstand zur Leistung der menschlichen Gehirne sich stark verringert hat. Inzwischen wird die Singularität nicht mehr wie von Kurzweil für 2045 erwartet, sondern irgendwann zwischen 2027 und 2035.

Anfang Oktober 2024 wurde nun auch bekannt (vgl. The Economist vom 5. 10. 2024), dass es erstmals gelungen ist, eine komplette Karte aller Neuronen im Gehirn einer Fruchtfliege zu erstellen. 140.000 Neuronen und fast 55 Millionen Verbindungen zwischen ihnen sind hier akribisch erfasst und nachgezeichnet, von einem Tier, dass sich dreidimensional bewegen, mit Rivalen kämpfen, seinen natürlichen Feinden entkommen

AI has surpassed humans at a number of tasks and the rate at which humans are being surpassed at new tasks is increasing

State-of-the-art AI performance on benchmarks, relative to human performance

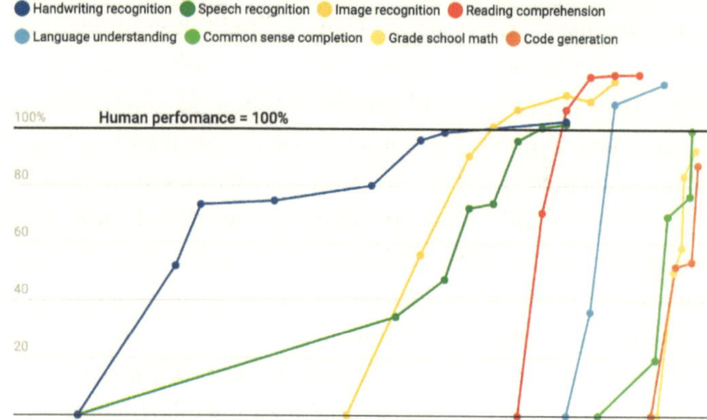

For each benchmark, the maximally performing baseline reported in the benchmark paper is taken as the "starting point", which is set at 0%. Human performance number is set at 100%. Handwriting recognition = MNIST, Language understanding = GLUE, Image recognition = ImageNet, Reading comprehension = SQuAD 1.1, Reading comprehension = SQuAD 2.0, Speech recognition = Switchboard, Grade school math = GSK8k, Common sense completion = HellaSwag, Code generation = HumanEval.

Chart: Will Henshall for TIME • Source: ContextualAI TIME

Will Henshall: «4 Charts That Show Why AI Progress Is Unlikely to Slow Down», in: Time, 2023, verfügbar unter: https://time.com/6300942/ai-progress-charts/ [14.6.2025].

und seine Artgenossen vor Gefahren warnen kann. 600 Millionen Jahre Evolution liegen zwischen der Entstehung der Fruchtfliege und der des Homo Sapiens, und die Wissenschaft ist noch lange nicht so weit, dass sie das ungleich komplexere menschliche Gehirn verstehen kann. Die Entschlüsselung des Gehirns der Fruchtfliege ist jedoch ein Meilenstein. Bisher konnte man zuerst das Nervensystem von Würmern mit ihren ungefähr 300 Neuronen, dann das einer Fliegenlarve mit ihren 3016 Neuronen und schliesslich das einer erwachsenen Fliege mit ihren rund 27.000 Neuronen abbilden. Nach der Fruchtfliege wird man jetzt versuchen, das Gehirn von Mäusen zu knacken und dann unser Gehirn. Wenn die Lernfähigkeit unseres Gehirns einzig auf seiner neural-elektronischen Konstruktion beruht und nicht von unseren Hormonen oder sonstigen ‹Körpersäften› beeinflusst wird, die zu den schwierigen Begriffen des ‹Bewusstseins› oder der ‹Seele› führen (oder wenn der Computer auch diese Beeinflussung analysieren und kopieren kann), dann könnte Kurzweils Vorhersage der Singularität schneller eintreten, als er selbst es erwartet hat.

Das Gehirn auseinanderzunehmen, zu verstehen und nachzubauen ist die ultimative Dekonstruktion. Schon Freud hat das menschliche Gehirn analysiert und ist zum Schluss gekommen, dass es längst nicht so einheitlich funktioniert wie Philosophen, Theologen und Literaten das immer angenommen hatten. Er wollte aber den Menschen als Geschöpf besser verstehen und ihm zu einem besseren Leben verhelfen, nicht etwas Neues schaffen. Für Kurzweil ist dieses neue, der transhumane Mensch oder die transhumane Maschine, keineswegs ein Frankenstein'sches Monster. Ganz im Gegenteil hält er die Chancen für gut, dass Computer, wenn sie uns an Intelligenz überflügelt und deshalb die Macht übernommen haben werden, rationaler agieren werden als wir. Er meint zwar, dass auch sie lieben, fühlen, geniessen und verzweifeln können, da alle diese Regungen letztlich Reaktionen unserer Neuronen, unserer Gehirnzellen sind, die der Computer genauso gut nachahmen oder neu programmieren kann wie der Mensch. Er sieht diese Menschmaschinen oder Maschinenmenschen jedoch in der Lage, dank ihrer überlegenen Intelligenz irrationale Motive und Aktionen zu vermeiden und im besten Interesse einer transhumanen Menschheit zu agieren.

Weder können wir das wissen, noch wird der Weg dorthin ohne Steine sein. Wir werden noch darauf eingehen, wie sehr und wie negativ die Social Media, die Teil all dieser revolutionären neuen Technologien sind, unsere Gesellschaft verändert haben. Und wir können uns kaum vorstellen, was auf uns im Zuge der Ausbreitung künstlicher Intelligenz zukommt, sei das perfektionierte Desinformation, immersive Videospiele oder virtuelle Sexpartner, die besser sind als alles, was die reale Welt zu bieten hat.

Kapitel 2: Volk, Nation, Kultur, Klassen

«It is not diversity which divides us; it is not our ethnicity, or religion or culture that divides us [...] there can only be one division amongst us: between those who cherish democracy and those who do not.»

Nelson Mandela[3]

Während sich in den letzten Jahren über Fragen von Sexualität und Familie ein Schleier von Identitätsfragen und Identitätsinteressen gebildet hat, deren inhärente Konflikte sich mancherorts zu einem Kulturkampf (die Abtreibungsfrage in den U.S.A. oder Polen, das Gendern in Westeuropa) ausgewachsen haben, beeinflussen Sexualität und Familie unsere Gesellschaft auch auf einer viel existenzielleren Ebene. Mit dem 21. Jahrhundert sind wir vielerorts in ein Zeitalter eingetreten, in dem die Lebenserwartung weiter gestiegen ist. Gleichzeitig ist die Geburtenrate weit unter das zum Erhalt der Bevölkerung notwendige Niveau gefallen und die demographische Pyramide kommt auf dem Kopf zu stehen, weil die Bevölkerung schrumpft, wo sie nicht durch Einwanderung angereichert wird.

Sowohl Immigration als auch Emigration können eine Gesellschaft destabilisieren. So haben osteuropäische Länder wie Polen, Rumänien, die Slowakei, Ungarn und Bulgarien seit 1989 und vor allem seit ihrem jeweiligen Beitritt zur Europäischen Union Millionen von Bürgern auswandern sehen. Die

Bevölkerung mancher dieser Länder liegt heute rund 20 Prozent tiefer als 1989. Wie bei allen Auswanderern hat ihr Herkunftsland für ihre Ausbildung gesorgt, kommt aber nun nicht in den Genuss ihrer Arbeit. Die Überweisungen und Investitionen dieser Auswanderer in ihre Herkunftsländer haben gerade in wirtschaftlich schwierigen Jahren und wirtschaftlich schwachen Regionen einen positiven Einfluss auf das Lebensniveau und die Wirtschaftsentwicklung in den Herkunftsländern gehabt. Die Auswanderung war auch ein wichtiges Ventil für eine Bevölkerung, die beim schwierigen Übergang von Kommunismus zu Kapitalismus und von Diktatur zu Demokratie viel Frustration und hohe Arbeitslosigkeit erleben musste. Längerfristig jedoch führt die Auswanderung zum Gefühl, dass die besten und tüchtigsten Menschen ausgewandert und nur die Versager zu Hause geblieben sind. Und natürlich sind die Auswanderer üblicherweise im besten produktiven Alter und fehlen in ihrem Herkunftsland der Volkswirtschaft, aber auch der Gesellschaft.

Noch zersetzender ist der *brain drain* wohl in der Dritten Welt. Dort wandern seit Jahrzehnten tatsächlich vor allem die gut Ausgebildeten aus, was in ihren Herkunftsländern zu einer negativen Selektion in Politik, Wirtschaft und Wissenschaft führt.

Im Unterschied zur Atomisierung von Sexualität und Fortpflanzung sind Auswanderung, *brain drain* und Immigration eine natürliche (oder, leider, für die 110 Millionen gewaltsam vertriebenen Menschen auf der Welt[4]: kriegerische) Entwicklung und keine Dekonstruktion. Das Ausmass der Veränderungen und die Kombination verschiedener Entwicklungen – mehr ältere und alte Leute; mehr ältere und alte Stimmbürger; weniger Kinder; mehr Rentner, die von weniger Erwerbstätigen unterhalten werden müssen; weniger Eliten in den Auswanderungsländern; fremde Kulturen und Religionen in den Einwanderungsländern – können daraus jedoch ein traumatisches Erlebnis machen.

Wir Europäer müssen auch verarbeiten, dass unser Anteil an der Weltbevölkerung stark geschrumpft ist und weiter schrumpfen wird. Wo es 1950 noch 500 Millionen Europäer und 250 Millionen Afrikaner gab, so werden es hundert Jahre später, 2050, 700 Millionen Europäer, aber 2,5 Milliarden Afrikaner sein. Ebenso wird es 2050 2,8 Milliarden Muslime auf der Welt geben und nur 1,9 Milliarden Christen.[5] Hingegen ist Europa, das lange Zeit ein Auswanderer-Kontinent war, mit dem Wirtschaftswachstum der 1960er Jahre ein Einwanderer-Kontinent geworden. Die Globalisierung der 1990er Jahre, zu der man auch die 1993 in der EU verwirklichte Personenfreizügigkeit zählen muss, hat diesen Sog vergrössert, so dass zum Beispiel in Deutschland 2015 schon 21 Prozent der Bevölkerung einen Migrationshintergrund hatten im Vergleich zu 2 Prozent im Jahr 1964.[6] Wir müssen uns also daran gewöhnen, dass der Ausländeranteil und der Anteil von Bürgern mit Migrationshintergrund weiter steigen wird, und dass die innereuropäische Migration zunehmend durch eine aussereuropäische Immigration ergänzt wird. Neben dem wirtschaftlichen Erfolg unserer Gesellschaften ist als weiterer Treiber der Immigration die Alterung unserer Bevölkerung dazugekommen. Wenn wir nicht länger und mehr arbeiten wollen, dann ist die Einwanderung die einzige Möglichkeit, fehlende Arbeitskräfte zu ersetzen.

Migration ist ein politisch schwierig zu steuerndes Gebiet. Unzweifelhaft bestehen im Sozialstaat Fehlanreize, die Migranten anziehen und deren Integration erschweren. Unzweifelhaft machen skrupellose Menschenhändler mit der Migration grosse Geschäfte und haben alles Interesse daran, diese mit Werbung und falschen Versprechen zu fördern, was wiederum zu einer Überrepräsentation junger Männer in der Flüchtlingspopulation führt. Unzweifelhaft sind viele Länder im globalen Süden so schlecht regiert, dass Emigration zur Überlebensfrage wird. Es gibt jedoch genügend Beispiele dafür, dass Immigration einen nachhaltigen, oft sogar entscheidenden Beitrag zur Zukunft unserer Gesellschaften leistet. Hier denkt man vor allem an die USA, an Kanada oder Australien, alles sehr erfolgreiche Einwanderer-Länder. Aber auch Europa war bis 1915, als zum ersten Mal die Notwendigkeit eines Passes zum Grenzübertritt eingeführt wurde, eine sehr offene Region, in der eine Personenfreizügigkeit praktiziert wurde, die es dem Namen nach erst viel später gab, nämlich mit den Römischen Verträgen von 1957, und in der Praxis erst 1993. Bis 1915 konnte man in ganz Europa ohne Personalausweis reisen und sich niederlassen. Zwei Jahre Niederlassung genügten, um die Staatsbürgerschaft zu erhalten. Die wirtschaftliche Entwicklung des 19. Jahrhunderts, zum Beispiel der Kohlebergbau oder die Stahlerzeugung, erzeugten einen Sog für Einwanderer aus dem viel ärmeren Osteuropa, wie sich leicht aus verbreiteten Familiennamen im «Ruhrpott» oder in Nordfrankreich ablesen lässt. Der Erste und der Zweite Weltkrieg setzten dieser Freizügigkeit ein Ende, bevor die Einwanderung in den 1960er Jahren wieder auflebte, diesmal vor allem aus Italien. Auch diese Einwanderer sind inzwischen bestens integriert.

Am meisten zu reden gibt aber nicht die wirtschaftliche, sondern die humanitär begründete Immigration von Flüchtlingen aus den vielen Kriegszonen der Welt. Ihre Zahl hat sich in den letzten zehn Jahren auf 110 Millionen Menschen verdoppelt, wie auch die Anzahl Kriege – in Syrien, Jemen, Sudan, Ukraine, Ost-Kongo, Myanmar und anderswo – wieder zugenommen hat. 90 Prozent dieser Flüchtlinge werden von ihren Nachbarländern aufgenommen, wo sie ein oft menschenunwürdiges Dasein fristen. Die verbleibenden 10 Prozent schlagen sich irgendwie in die reichen Länder der ersten Welt durch, wo sie Asyl beantragen. Auch dies sollte längerfristig kein unlösbares Problem für unsere Gesellschaften sein, denn nach dem Zweiten Weltkrieg war der Anteil gewaltsam vertriebener Menschen sechsmal so hoch wie heute.[7] Noch dazu war gerade Europa damals am meisten davon betroffen, während heute ein Grossteil der Flüchtlinge von Ländern wie Kenia, Tschad, Türkei oder Bangladesch aufgenommen wird. Trotz diesem Ansturm von Flüchtlingen nach dem Zweiten Weltkrieg waren 20 Jahre später in Europa kaum mehr Integrationsprobleme feststellbar.

Man wird einwenden, dass im 19. Jahrhundert Osteuropäer nach Westeuropa einwanderten; nach dem Zweiten Weltkrieg wiederum Osteuropäer; und in den 1960er Jahren Südeuropäer nach Nordeuropa. Heute jedoch verzeichnen wir erstmals eine zunehmende Einwanderung aus nicht-europäischen Ländern, die in einem anderen kulturellen und wirtschaftlichen Entwicklungsstadium sind. Diese Einwanderer sind entsprechend schwieriger zu integrieren. Noch dazu finden diese Einwanderer und Flüchtlinge im Vergleich mit ihren Herkuftsländern in Europa eine viel pluralistischere und permissivere Gesellschaft vor, in der das Konzept der Integration selbst umstritten und der Druck dazu geringer ist, sei es wegen des inzwischen ausgebauten Sozialstaates, sei es wegen der Aufweichung kultureller Normen.

Es war schon immer fraglich, von einem ‹Volk› zu sprechen. Wie die angeführten historischen Beispiele zeigen, ist die Bevölkerung im modernen Nationalstaat immer eine Mischung von Alteingesessenen und Zugezogenen, die von nah und fern kommen können, oft einer anderen als der vorherrschenden Religion anhängen und eine oder zwei Generationen brauchen, bis sie in die Mehrheitsgesellschaft integriert sind, wobei einige aufgrund ihres Namens oder ihrer Religion weiterhin als Minderheiten erkennbar bleiben. Dennoch herrschte bis zum Ende des 20. Jahrhunderts das Gefühl eines durch die Zugehörigkeit zu einem Land homogenisierten Volkes vor, eines Volkes, das durch dieselben Schulen gegangen war, dieselben Steuern zahlte, denselben Verordnungen, Wahlen, Abstimmungen, Feiertagen, Eisenbahnen und Sporterfolgen und -misserfolgen unterworfen war und dadurch eine gemeinsame Kultur hatte.

Erst an zweiter Stelle fragte man sich, ob man in seinem Land eher von der einen oder anderen Region, eher von der einen oder anderen gesellschaftlichen oder bildungsbezogenen Schicht, einer bestimmten religiösen Tradition und sexuellen Orientierung, und in mehrsprachigen Ländern eher von der einen oder der anderen Sprachgruppe herstammte. Allerdings dürfte dieses Gefühl einer weitgehend homogenen Gesellschaft ein eher männliches Gefühl gewesen sein, waren doch Frauen bis weit in die 1980er Jahre in vielem nicht gleichgestellt, wie auch gewisse Minderheiten – Schwule und Lesben zum Beispiel – noch mit einem Stigma behaftet waren und ihr Anderssein oft verbergen mussten. Wie wir sehen werden, ist vieles von den Mechanismen verloren gegangen, die in der Vergangenheit dieses Zugehörigkeitsgefühl ermöglicht haben, wenn auch um den Preis einer teilweisen Verklärung der nationalen Geschichte («Die eigene Geschichte zu verklären ist Teil dessen, was eine Nation ausmacht.»[8]). Hier treffen demographische – Alterung und Immigration – und kulturelle Entwicklungen unserer Gesellschaft, auf die wir kurz eingehen wollen, aufeinander.

Denn heute besteht das Gefühl der Zugehörigkeit und der Gemeinsamkeit nur noch bedingt. Das Identitäre, Singuläre macht sich Platz, wie es früher, zur Zeit der Religionskriege, das Religiöse zu tun pflegte. Das Identitäre, die Sonderheiten eines jeden, werden zum alles bestimmenden, den Lebensstil eigentlich definierenden Kriterium. Schwul oder heterosexuell,

Frau oder Mann, links oder rechts, fortschrittlich oder konservativ, urban oder ländlich – dies alles scheint viel wichtiger zu sein als die Zugehörigkeit zu einem Land, dessen ‹Leitkultur› sich abschwächt. Wenn es Gemeinsamkeit gibt, dann in der Abgrenzung gegen Andere.

Das Identitäre hat das Verbindende ersetzt, es fehlt eine Art von *benign patriotism*, der gemeinsame Stolz auf die Gesellschaft, in der man lebt, das Bewusstsein einer Gemeinsamkeit, die das Gegenteil der oben zitierten ‹transzendentalen Obdachlosigkeit› ist. Dazu kommt der stark gestiegene Anteil von Ausländern an der Bevölkerung, die zwar keine politischen Rechte haben, jedoch einerseits die Kultur einer Gesellschaft mitprägen und anderseits damit xenophobe Reaktionen auslösen.

Das Jahr 1968 symbolisiert in mehrerer Hinsicht einen Paradigmenwechsel und den Startschuss für verschiedene, teils gegenläufige Entwicklungen über die nächsten Jahrzehnte: von einer Eliten-orientierten Gesellschaft zu einer viel inklusiveren Gesellschaft mit ganz anderen, viel weniger homogenen Regeln und Normen; von einer Vernunft-orientierten Gesellschaft zu einer emotionalisierten Gesellschaft des Verlangens und der Bedürfnisbefriedigung; von einer Leistungs- zu einer Anspruchsgesellschaft und von einer Gemeinschafts-orientierten zu einer individualisierten Gesellschaft. Das Jahr 1968 steht hier stellvertretend für gesellschaftliche Entwicklungen, die schon vorher eingesetzt hatten und sich nachher verstärkt haben. 1968 war keine von wem auch immer organisierte, geplante Revolution, sondern eine Eruption von aufgestauten Bedürfnissen und Veränderungen, die plötzlich gesellschaftlich mehrheitsfähig geworden waren.

Einer der negativen Aspekte der hier mit ‹1968› bezeichneten Entwicklung war die Beförderung des Narzissmus, in dem Herbert Marcuse den Keim eines ‹andersartigen Realitätsprinzips› sah, das auf dem Lustprinzip fusste, statt wie bisher auf Leistungsdruck und Konsumverzicht. Tatsächlich stellte eine Studie der San Diego State University[9] 2006 eine dreissigprozentige Zunahme des Narzissmus gegenüber dem Anfang der 1980er Jahre fest. Auch Christopher Lasch diagnostizierte in seinem Buch ‹The Culture of Narcissim› von 1979[10], dass einerseits eine Enthemmung, ein Abbau des Schamgefühls stattfinde und gleichzeitig höhere Ansprüche an das ethische Verhalten eines jeden Einzelnen (insbesondere der Männer) gestellt würden. Diese Kombination führe zu einem die Gesellschaft belastenden, narzisstisch geprägten Verhalten.

Eine der Entwicklungslinien, die 1968 ermöglichte, war die individuelle und gesellschaftliche Vergangenheitsbewältigung. Sie betraf die sexuelle Befreiung, die Emanzipation der Frauen, die Aufarbeitung von Sklaverei und Kolonialismus, die Rolle der Länder im Zweiten Weltkrieg und vieles andere mehr, das bis anhin einer Art Tabu unterworfen gewesen war. Heute bewirken extreme Formen dieser Vergangenheitsbewältigung wie radikale Ausprägungen der *post colonial studies* einen Backlash gegen jede Art von Vergangenheitsbewältigung, der man dann ‹Wokismus› oder ‹Postkolonialismus› vorwirft. Aber es darf nicht vergessen werden, dass eine gesunde Vergangenheitsbewältigung unumgänglich ist für die Bewältigung der Zukunft, sei es als Individuum, sei es als Gesellschaft, und dass eine Gesellschaft je erfolgreicher ist, desto besser sie ihre Vergangenheit bewältigt. Länder und Gesellschaften, die unfähig sind zu jeder Art von Vergangenheitsbewältigung, sind kulturell und wirtschaftlich nicht erfolgreich und auch unfähig, eine neue Art von Gemeinschaftssinn zu entwickeln, es sei denn durch Repression.

Eine andere Entwicklungslinie ist die oben erwähnte steigende Tendenz hin zu Selbstverwirklichung und Narzissmus, die mit der wirtschaftlichen Entwicklung verflochten ist und uns heute politisch und gesellschaftlich vor grosse Probleme stellt. Die Spätmoderne kennt kaum eine Kultur des Allgemeinen mehr, während gleichzeitig «die Sphäre der Emotionen sich gegenüber der Sphäre der Rationalität ausgedehnt hat».[11]

Die Gesellschaft hat in den letzten 50 Jahren einige fundamentale Veränderungen durchgemacht, wie sie in der Geschichte immer wieder vorkommen und wie sie immer wieder mit einer grossen Belastung für die Stabilität der Gesellschaft einhergehen.

In der Wirtschaft hat die Bedeutung der herkömmlichen Industrie, die durch lokale Fabriken mit einer grossen Belegschaft und einer starken Gewerkschaft gekennzeichnet war, vielerorts stark abgenommen. Die heutige Wirtschaft ist viel diverser und dezentraler. Sie lebt stärker von Dienstleistungen, und ihre Produkte beinhalten einen hohen Anteil von Wissen, Kultur, Erlebnis und Emotionen. Oder, das ist die gegenläufige Entwicklung, es sind Dienstleistungen, die man ohne jede Ausbildung verrichten kann. Vorübergehend hat sich der Anteil sehr gut bezahlter Jobs ebenso stark ausgeweitet wie der Anteil schlecht bezahlter Jobs, während der Anteil der mittel entlöhnten Jobs geschrumpft ist. Erst in den letzten Jahren schliesst sich die Lohnschere wieder[12].

Daraus abgeleitet haben sich die sozialen Klassen in der Gesellschaft entwickelt. Die alte Mittelklasse, die die Industriearbeiterschaft umfasste, aber auch die Besitzer und Mitarbeiter von vielen Klein- und Mittelbetrieben, sind teilweise aufgestiegen in eine neue, gut ausgebildete Mittelkasse, die in zukunftsträchtigen Branchen tätig ist, und teilweise abgestiegen in schlecht bezahlte und kaum regulierte Service-Jobs, die keine grosse Ausbildung erfordern und nicht dieselbe Langfristigkeit und damit Sicherheit bieten wie die früheren Industrie-Jobs mit ihrer gewerkschaftlichen Vertretung. Abgestiegen sind ferner die Bewohner von durch die Globalisierung desindustrialisierten Regionen sowie, in manchen Ländern, die Bewohner ländlicher, vernachlässigter Regionen.

Parallel dazu hat sich der *diploma divide* vergrössert. Am oberen Ende werden Menschen länger und besser ausgebildet als je zuvor, während am unteren Ende die Qualität und die Effizienz der Schulen abnimmt, wofür es verschiedene Erklärungen gibt: den stark gewachsenen Anteil von Schülern mit Migrationshintergrund und entsprechendem Integrationsbedarf, die Allgegenwärtigkeit von Internet und Social Media, die Überfrachtung des Lehrplans, die Überlastung des Systems durch allzu häufige Reformen und der zunehmende Lehrermangel. Je nach Land kommen hier Probleme innerhalb der beiden Segmente dazu: bei den gut ausgebildeten der Wettbewerb zwischen guten und schlechten, privaten und öffentlichen Schulen mit entsprechenden Langzeitfolgen für das Lebenseinkommen, bei den schlecht ausgebildeten das Fehlen von Modellen mit Berufslehre und von späteren Weiterbildungsmöglichkeiten. Es ist paradox, dass unsere Bevölkerung insgesamt besser ausgebildet ist und mehr Erziehung genossen hat als frühere Generationen, aber dennoch zunehmend anfällig für «einfache, vermeintlich klare, aber falsche Antworten auf komplexe Probleme» ist.[13] Dies ist, wie wir noch sehen werden, ein Hinweis darauf, welche anderen Kräfte auf unser gemeinsames Leben einwirken.

Die kulturelle Liberalisierung seit 1968 und ihre Weiterentwicklung bis zu unserer heutigen Selbstverwirklichungsgesellschaft hat auch unsere Psyche labiler gemacht. Es ist anzunehmen, dass der Wechsel von einer monogamen zu einer seriell-monogamen Gesellschaft mit ihren Patchwork-Familien das Gefühl der Geborgenheit, das Kinder suchen und das sie idealerweise ein Leben lang begleitet, angegriffen hat. Die Überflutung mit Informationen und das Aufkommen von Social Media dürften einer gesunden Psyche ebenfalls nicht zuträglich sein. Aus den verschiedensten Gründen erwarten wir heute mehr vom Leben und sind schneller enttäuscht, wenn sich diese Erwartungen nicht erfüllen. Ein Beispiel aus der Politik dafür ist die bezeichnende Reaktion eines französischen Abgeordneten auf die Budgetvorlage seiner Regierung: «Ich habe nichts erwartet und bin dennoch enttäuscht».[14] Wie der israelische Philosoph Omri Boehm in seinem Buch «Radikaler Universalismus: Jenseits von Identität» feststellt: «Während eine gewaltige Fachliteratur zur Geschichte, Philosophie und Soziologie der Rechte vorliegt, wird die Frage, ob es auch immer noch Menschenpflichten gibt, kaum je gestellt.»[15] Wir tun uns heute viel schwerer, Frustrationen, Zwiespältigkeiten und Risiken auszuhalten als früher. Wir haben schneller Depressionen und lassen uns schneller zu Aggressionen hinreissen (wobei es immer darauf ankommt, mit welcher Zeit wir uns vergleichen – in den 1920er und 1930er Jahren dürfte es ähnlich gewesen sein). Vielleicht, so der deutsche Soziologe Andreas Reckwitz, sind wir auch an den Grenzen des Wachstums als Gesellschaft, als Menschen angekommen, in der noch mehr Selbstverwirklichung nur noch marginal und um einen hohen Preis möglich ist.[16]

Wie bei allen starken gesellschaftlichen Transformationen in der Geschichte blühen in solchen Zeiten die Nostalgien auf. «Die rechte Nostalgie in den USA, in Frankreich oder in Deutschland verherrlicht das damals gültige traditionelle Familien- und Geschlechtermodell, die konservative Moral und die vermeintliche kulturelle Homogenität. Die linke Nostalgie sehnt sich nach der grösseren sozialen Gleichheit, der starken Industriearbeiterschaft und dem Wohlfahrtsstaat der alten Industriegesellschaft. Die Nostalgie der Mitte schliesslich blickt wehmütig zurück auf eine Ära der Volksparteien und integrierenden Verbände, des breiten Mittelstandes und des vermeintlich gemächlicheren Lebenstempos.»[17] Der Appell an Nostalgie ist in verunsicherten Gesellschaften eine wirkmächtige Methode. Populisten beschwören eine Vergangenheit, die es nie gegeben hat, in der wir aber glücklich waren, weil wir noch Kinder und nicht Erwachsene waren.

Und, nicht zuletzt, ist die Angst vor dem Abstieg umso grösser, je höher das Ausgangsniveau ist.

Kapitel 3: Dekonstruierte Wirtschaft – der Finanzkapitalismus

1989 erschien das Buch ‹Barbarians at the Gate› der beiden Journalisten Bryan Burrough und John Helyar, das 1993 die Vorlage für einen Hollywood-Film abgab. Es beschreibt den ersten grossen *leveraged buyout* in den USA, die erste grosse durch Schulden finanzierte Firmenübernahme, die zunächst in Europa Schockwellen auslöste, bald aber zu einer weithin akzeptierten kapitalistischen Praxis wurde und eine der Grundlagen für die heute weit verbreitete Besitzerform der Private Equity Funds ist.

Allerdings ist der *leveraged buyout* keine amerikanische Erfindung und auch keine Erfindung des modernen Kapitalismus. Erstaunlicherweise finden sich Formen des *leveraged buyout* in unserer Lokalgeschichte, so zum Beispiel im Jahre 1585, als die Schweizer Stadt Basel dem Bischof von Basel die von ihm beherrschten ländlichen Gebiete abkaufte, die heute als Kanton Basel-Land bekannt sind. Die Stadt nahm einen Kredit dafür auf und erhöhte, sobald sie die Herrschaft über diese neuen Gebiete angetreten hatte, die Steuern der ländlichen Bevölkerung, um den Kredit zurückzahlen zu können. Die Einwohner kamen also selbst für ihren eigenen Kauf auf, nicht unähnlich einem Sklaven, der seinen Kaufpreis selbst erarbeiten musste.

Dasselbe Prinzip wurde Ende der 1980er Jahre von der Finanzbranche wiederentdeckt. RJR Nabisco war ein grosser Konzern, der 1985 selbst aus einer Fusion zweier grosser Konzerne hervorgegangen war und einerseits Tabakwaren, andererseits Lebensmittel herstellte. Der CEO, Ross Johnson, war sehr auf seinen Vorteil bedacht und hatte sich, wie viele Jahre später Daniel Vasella bei Novartis, vom Verwaltungsrat einen *golden parachute* einräumen lassen, eine Abgangsentschädigung in Höhe von 60 Millionen Dollar.

Diese erhielt er auch, als der neue Eigentümer ihn 1989 als CEO absetzte und sich von ihm trennte. Der neue Eigentümer war ein Fonds namens Kohlberg Kravis Roberts & Co., der 25 Milliarden Dollar für RJR Nabisco zahlte, wovon 21,5 Milliarden mit Schulden finanziert waren. Diese Schulden wurden über die nächsten Jahre abgetragen, indem RJR Nabisco in Einzelteile zerschlagen und verkauft wurde, bis das Unternehmen 10 Jahre später ganz verschwand. Ganz nebenbei gingen in den USA auch 2000 Arbeitsplätze verloren, von denen 72 Prozent in den folgenden Monaten wieder ersetzt wurden, allerdings zu weniger als 50 Prozent des ursprünglichen Lohns.[18] Frankreich hat als Folge davon 1995 ein Gesetz erlassen, wonach der ‹Kauf eines Unternehmens mit seinem eigenen Geld› (also der schuldenfinanzierte Kauf eines Unternehmens, das diese Schulden selbst garantieren und zurückzahlen muss) verboten ist. In Deutschland entbrannte 2005 die Heuschreckendebatte, die aggressive Unternehmenskäufer einem Heuschreckenschwarm gleichsetzte und alte antikapitalistische und antiamerikanische Überzeugungen bediente.

Leveraged buyouts fussen auf einigen einfachen Prinzipien. Zum einen zahlt der Staat einen Teil des Kaufpreises, weil der Schuldendienst vom Gewinn des erworbenen Unternehmens abgezogen und die Steuerbasis damit vermindert wird. Zum zweiten sind die Einzelteile eines grossen Unternehmens oft mehr wert als die Summe, zumindest an der Börse. Mit dem enormen Wachstum der Börsen, der Geldanlagen und dem dazu gehörenden Wirtschaftszweig von Vermögensverwaltungsbanken, Fonds, Vermögensverwaltern, Anlageberatern, Analysten, Rating-Agenturen und vielem anderem mehr will ‹die Börse› keine Konglomerate mehr, sondern spezialisierte, auf eine einzige Tätigkeit fokussierte Unternehmen. Dies tönt zwar logisch, sieht sich aber bei den Private Equity Fonds, die unzählige Firmen aus den verschiedensten Branchen nicht nur kaufen, sondern aktiv führen, ins Gegenteil verkehrt. Es mag gut sein, dass die Vorliebe für spezialisierte Unternehmen an der Börse damit zu tun hat, dass damit ein Teil der Wertschöpfung, der früher von den Konglomeraten erwirtschaftet wurde, nun vom Finanzsektor vereinnahmt werden kann. Und schliesslich, und das dürfte wohl am wichtigsten sein, ist die Möglichkeit, für eine solche Transaktion zu günstigen Konditionen Schulden zu machen, ebenso stark gewachsen wie der Umfang des Finanzsektors.

Inzwischen ist der *leveraged buyout* durch eine neue Form des Finanzkapitalismus ersetzt worden: Private Equity. Damit sind Gesellschaften und Fonds gemeint, die Gelder von Anlegern – Pensionskassen und individuellen Sparern – sammeln, damit Firmen kaufen, diese über einige Jahre ertragreicher oder grösser machen und dann mit Gewinn verkaufen. Die Technik des *leveraged buyout* wird von diesen Firmen benutzt, die Anzahl Transaktionen ist jedoch ein Vielfaches derer, welche die Pioniere des *leveraged buyout* getätigt haben. Es ist nicht bekannt, welcher Anteil der Wertschöpfung, welcher Anteil der Anzahl Unternehmen in den entwickelten Volkswirtschaften inzwischen Private Equity Firmen gehören, aber es gibt kaum mehr einen Firmenverkauf, bei dem Private Equity-Fonds nicht als Käufer mitbieten, und dies nicht nur bei grossen börsenkotierten Unternehmen oder Teilen davon, sondern zunehmend auch bei mittleren und kleineren Privatunternehmen.

Wirklich neu an Private Equity ist, dass das Hauptaugenmerk nicht mehr darauf liegt, dass eine Firma möglichst gute Produkte und Dienstleistungen möglichst effizient und professionell anbietet und damit möglichst viel Geld verdient. Nein, das Hauptaugenmerk liegt darauf, mit dem Kauf und Verkauf ebendieser Firmen Geld zu verdienen. Als zeitlicher Horizont gelten nicht, wie früher bei Familienfirmen, Generationen, auch nicht eine Generation oder eine Dekade, sondern drei bis fünf Jahre, in Ausnahmefällen sieben Jahre. Erheblich profitiert die Private Equity-Branche auch davon, dass ihre Gewinne meistens Kapitalgewinne sind, die entweder reduzierten Einkommenssteuern unterliegen oder gar nicht besteuert werden.

So erfolgreich dieses Modell wirtschaftlich oft ist, es erinnert doch an jene russischen Adligen, die im Rausch ihre Güter einschliesslich ihrer Leibeigenen verkauft oder verspielt haben. Eines Morgens wacht man auf, und man gehört einem neuen Besitzer. Was für eine Firmenkultur kann man aufbauen, wenn die Angestellten wissen, dass ihre Firma jederzeit wieder verkauft werden kann und dass der Besitzer den Mehrwert, den sie in den nächsten Jahren schaffen werden, im Voraus durch einen hohen Verkaufspreis abgeschöpft hat? In Europa bleiben den Angestellten die – stark ausgebauten – gesetzlichen und regulatorischen Rahmenbedingungen und die Sozialgesetzgebung, aber eine persönliche Bindung zwischen Eigentümer oder Eigentümervertreter und Angestellten besteht nicht mehr.

Mit dem Verkauf der Firma und nicht mit ihrer Geschäftstätigkeit Geld zu verdienen ist übrigens auch das Geschäftsmodell der vielgerühmten Start-up-Unternehmen. Die wenigsten Start-ups begründen ein nachhaltiges Geschäftsmodell. Ziel ist es einzig, entweder einen Käufer zu finden, der ein Start-up zu einer weit überhöhten Bewertung kauft (und dann meistens abschreibt) oder an die Börse zu gehen, woraufhin die Gründer ausgesorgt haben, der Aktionär jedoch oft Totalschaden erleidet. Auch die Banken und Börsen, die dies vermitteln, verdienen kräftig daran, ebenso wie Anwälte und Wirtschaftsprüfungskanzleien, aber letztlich verdienen sie daran, dass der Sparer im Vertrauen auf die vermeintliche Seriosität all dieser berühmten Namen sein Geld riskiert und oft verliert.

Wie in der Politik ist das Storytelling hier wichtiger geworden als die Essenz, oder, anders gesagt, der Bratenduft wichtiger als der Braten. Das eigentliche Geschäft, das inskünftig Gewinne generieren soll, die Bilanz, die Gewinn- und Verlustrechnung wird wie ein Gewicht am Hals empfunden, eine Bremse für eine höhere Bewertung, ein Hindernis für eine hohe Fremdverschuldung. Deshalb spricht man nur von der Zukunft, in der man ein exponentielles Wachstum und exponentielle Gewinne einfahren wird.

Nun wird man einwenden, dass auch die letzten 30 Jahre, in denen gerade diese Formen des Finanzkapitalismus überhandgenommen haben, volkwirtschaftlich sehr erfolgreich waren. Die Wirtschaft ist weitergewachsen, das Pro-Kopf-Einkommen hat sich in vielen Ländern weiter erhöht, die Einnahmen des Staates haben stark zugenommen, was den weiteren Ausbau des Sozialstaates, der Schulen, der Universitäten und des Gesundheitswesens ermöglicht hat. Bei den Start-ups wird man sagen, dass ein einziges nachhaltig erfolgreiches Start-up alle Verluste und Abschreiber bei allen übrigen Start-ups mehr als aufwiegt. Der innovative Nutzen, den Microsoft, Apple oder Amazon jedem Einzelnen von uns täglich und weltweit bringt, ist tatsächlich unbestreitbar.

Das Thema dieses Buches ist jedoch nicht, dem wirtschaftlichen Erfolg nachzuspüren, obwohl dieser von ausschlaggebender Bedeutung für das Wohlergehen einer Gesellschaft ist, sondern den – auch emotionalen – Brüchen dieser Dekonstruktion von Einheiten und Beziehungen nachzugehen. Gemeint sind Beziehungen wie diejenigen zwischen Eigentümer und Angestellten oder zwischen Fabrik und Produkt, deren Bruch Unsicherheit verursacht und politische Unzufriedenheit auslöst, wenn diese ursprünglich intakten Beziehungen nicht durch neue Formen des Zusammenlebens und Zusammenwirkens ersetzt werden können. Gefühlt nimmt die Ungleichheit zu, auch in den Ländern, wo dies statistisch nicht nachweisbar ist, und auch wenn die Wahrnehmung durch die Fixierung auf einige wenige Schwerreiche statt auf die Armen verzerrt ist. Es ist aber nicht von der Hand zu weisen, dass in der Wirtschaft die Managerlöhne viel stärker gestiegen sind als diejenigen der übrigen Mitarbeiter, weil sie sehr oft an den Gewinn gekoppelt sind und dieser wiederum durch die starke Senkung der Gewinnsteuern seit den 1990er Jahren sowie durch die Offenlegung der sogenannten ‹stillen Reserven› in den Firmenbilanzen stark gestiegen ist. Arbeiter und Angestellte erhielten Anfang der 1980er Jahre gegen 70 Prozent des Nationaleinkommens, während dieser Anteil heute bei rund 60 Prozent liegt.[19] Der Einkommenssteuersatz für Firmengewinne lag in den 1950er und 1960er Jahren in den OECD-Ländern zwischen 40 und 50 Prozent (in den USA sogar bei 52 Prozent), bevor er in den 1980er und 1990er Jahren auf 30 bis 35 Prozent und seither weiter auf heute rund 22 bis 25 Prozent gesenkt wurde. In der Praxis liegt die effektive Steuerbelastung von grossen Konzernen in der OECD unter 15 %.

Eine ähnliche Verfremdung früherer wirtschaftlicher Gegebenheiten ist die sogenannte Finanzialisierung der Wirtschaft. Der Finanzsektor wächst nicht parallel zum Bruttosozialprodukt, sondern im Minimum parallel zum Wachstum der Geldmenge. Diese ist weit stärker gewachsen als die Wirtschaftsleistung. So ist die Geldmenge (in der sogenannten Definition M3, die alle Formen von Geld und Geldanlagen wie Aktien und Obligationen, die innerhalb von zwei Jahren verfügbar sind, umfasst) in der EU-25-Zone (die 25 Länder, die 2004 Mitglieder der EU waren bzw. wurden) gemäss de.statista.com von 4667 Milliarden im Jahr 1999 auf 16'007 Milliarden im Jahr 2023 angewachsen. Sie hat sich fast vervierfacht, während das Bruttoinlandprodukt im gleichen Zeitraum von rund 8000 Milliarden auf 14'380 Milliarden angestiegen ist, also auf weniger als das Doppelte.[20]

Damit ist auch die Finanzbranche exponentiell gewachsen, und unzählige neue Spezialitäten und Dienstleister – wie zum Beispiel das Finanzinformationsunternehmen Bloomberg – bestreiten ihren Lebensunterhalt mit dem Bewirtschaften der Börse, oder von derivativen Finanzinstrumenten, deren Mehrwert schwer erkennbar ist. Eine der Folgen ist eine atemlose Kurzfristigkeit (ähnlich dem ‹rasenden Stillstand›, den der Soziologe und Politikwissenschaftler Hartmut Rosa in der medial geprägten Gesellschaft feststellt). Millionen Menschen auf der ganzen Welt leben davon, täglich die Börse zu analysieren und zu bewirtschaften. Der Horizont ist die nächste Stunde, der gleiche Tag, eine Woche, ein Monat oder das Quartal. Obwohl sich innerhalb dieser knappen Zeiträume wenig Fundamentales ändert, verschieben sich Tausende von Milliarden an Vermögen, nehmen zu oder ab und beeinflussen die Politik. Scharen von Managern haben als Hauptziel ihres Schaffens den Aktienkurs ihres Unternehmens. Fusionen und Firmenübernahmen finden einzig deshalb statt, weil der Aktienkurs davon profitiert (oder, schlimmer, die Geschäftsleitung und der Verwaltungsrat persönlich). Gleichzeitig wird den Unternehmen die Nachhaltigkeit ins Pflichtenheft geschrieben, die langfristiges Denken verlangt und das Gegenteil von kurzfristiger Aktienkursmaximierung von Quartal zu Quartal ist.

Es gibt kaum einen Bereich der Wirtschaft, der nicht von der Finanzialisierung betroffen ist. Börsenkotierte Rohstoffe wie Öl oder Getreide werden zu geschätzt mindestens 95 Prozent von Finanzanlegern – Fonds, Pensionskassen, Banken – gehandelt. Weniger als 5 Prozent dienen der Versorgung der Bevölkerung mit diesen lebenswichtigen Gütern, deren Preise jedoch genauso sehr von einem Zinsentscheid der japanischen Nationalbank oder der Entwicklung der Aktien- oder Obligationenkurse abhängen kann wie von Angebot und Nachfrage dieser Rohstoffe selbst. Der weltweite Reichtum von Privatpersonen, Unternehmen und Regierungen wurde für 2021 auf 510 Trillionen US-Dollar veranschlagt, das sind 510.000 Milliarden oder etwa sechs Mal die jährliche Wirtschaftsleistung der Welt. Dieser Reichtum ist zu mehr als der Hälfte durch Schulden finanziert, nämlich im Ausmass von 295 Trillionen (295.000 Milliarden) US-Dollar oder dreieinhalb Mal die jährliche weltweite Wirtschaftsleistung.[21] Allein diese Zahlen zeigen das riesige Ausmass der Finanzmärkte, über die der Reichtum angelegt und die Schulden finanziert werden. In Wirklichkeit sind die Finanzmärkte noch weitaus grösser, weil sowohl Anlagen als auch Schulden gebündelt, verpackt, belehnt, strukturiert und auf vielfältigste Weise multipliziert werden. So weist die Schweizer Bank UBS in ihrer Bilanz 2023 einen Betrag von 324 Milliarden US-Dollar unter dem Titel «Off-balance Sheet Financial Instruments and other Credit Lines» aus, also Finanzanlagen und -verpflichtungen, die in der Bilanz selbst nicht erfasst sind, in den Erläuterungen dazu aber als ausserbilanzielle Eventualrechte und -verpflichtungen erwähnt werden. Darin enthalten sind *derivative financial instruments* von 176 Milliarden US-Dollar auf der Aktiv- und 192 Milliarden auf der Passivseite. Dies sind Finanzmarktprodukte mit den englischen Bezeichnungen *forwards*, *futures*, *swaps* und *opti-*

ons, mit denen Ansprüche auf etwas – eine Aktie zu einem gewissen Kurs, einen gewissen Zinssatz, einen gewissen Umrechnungskurs für Währungen – gekauft und verkauft werden. Damit sollen Erträge maximiert und Risiken optimiert werden. Ausmass – das Eigenkapital der UBS zum selben Zeitpunkt wird mit 86 Milliarden US-Dollar ausgewiesen – und Komplexität dieser Produkte machen aber deren Überwachung sehr schwer, wie sich insbesondere 2008 gezeigt hat.

Apotheose und Apokalypse des Finanzkapitalismus zugleich war die grosse Finanzkrise von 2008, die letztlich eine Schuldenkrise war. Länder, Firmen, Konsumenten und Banken hatten ohne Rücksicht auf die Grundregeln der Bonität, der Fristenkongruenz und der Schuldenfähigkeit Schulden gemacht, die ein gieriger, uferloser Finanzmarkt aufsog, um sie dann an die Gesellschaft weiterzugeben. Banken und Zentralbanken kauften – teils auf staatliches Geheiss – Schuldscheine hochverschuldeter Länder wie Italien und Griechenland. Pensionskassen und Privatsparer kauften Schuldpapiere, die vom Finanzmarkt vielfältig transformiert worden waren und den zugrundeliegenden Sachverhalt – dass damit Kredite gegeben worden waren, die die Kreditnehmer nie zurückzahlen konnten – unkenntlich gemacht hatten. Krisen gehören zu unserem Wirtschaftssystem dazu, denn – vereinfacht gesagt – was hinaufgeht, kann auch wieder fallen, bevor es von neuem hinaufgeht. Es fällt jedoch schwer, in der Krise von 2008 nicht mehr zu sehen als eine dieser wiederkehrenden Krisen. Eher erinnert sie an die Jahrhundertkrise von 1929, und wie diese war sie auch der Startschuss, der Brandbeschleuniger für viele Entwicklungen, an denen wir heute leiden: der Aufstieg des Populismus, die Polarisierung der Gesellschaft, das Überhandnehmen von Misstrauen.

Zufälligerweise kam 2007 das Smartphone auf den Markt, die am schnellsten sich verbreitende neue Technologie aller

Zeiten. Innerhalb von nur neun Jahren haben 25 Prozent der Weltbevölkerung ein Smartphone benutzt, und innerhalb dieser Zeitspanne haben sich die sogenannten Social Media ebenso massiv verbreitet. Sie sind massgeblich mitverantwortlich für die oben angeführten Entwicklungen – Populismus, Polarisierung, Misstrauen.

Wenn der Finanzkapitalismus zu einer Verfremdung wirtschaftlicher Zusammenhänge und einer Verschiebung der Macht von der Industrie zum Finanzsektor beigetragen hat, so finden wir bei anderen Produkten und Dienstleistungen eine echte Dekonstruktion, weil materielle Produkte banalisiert und standardisiert, herkömmliche Abläufe aufgebrochen und wesentliche Bestandteile der Produktions- und Lieferketten neu konzipiert worden sind. Airbnb wird als grösstes Hotel, Uber als grösstes Taxiunternehmen der Welt bezeichnet, ohne dass sie auch nur ein einziges Zimmer oder ein einziges Auto besitzen. Billigfluglinien bestehen oft aus nicht mehr als einem Büro – das Fliegen überlassen sie einer darauf spezialisierten, unbekannten Charter-Gesellschaft, die Wartung einer anderen, das Bodenpersonal einer dritten Firma. Fast fühlt man sich an den russischen Witz der 1990er Jahre erinnert, in dem der Personalchef von Aeroflot einen deutschen, einen französischen und einen russischen Kandidaten als Pilot eines neu gecharterten Boeing-Flugzeuges interviewt und der russische Kandidat die höchste Lohnvorstellung äussert. «‹Ich habe einen französischen Kandidaten mit 10 Jahren Flugerfahrung, der 2000 Dollar Lohn verlangt; einen deutschen Kandidaten mit 20 Jahren Flugerfahrung, der 4000 Dollar Lohn möchte; und Dich, der Du noch nie in einem Flugzeug warst, und Du willst 6000 Dollar? Findest Du das nicht komisch?›, fragt der Aeroflot-Personalchef. Der russische Kandidat erwidert: ‹Aber warum? 2000 für Dich, 2000 für mich, und den Franzosen lassen wir fliegen.›»

Die Wertschöpfung besteht darin, alle diese Teile günstig einzukaufen und so zu koordinieren, dass der Kunde davon einen Nutzen hat, verbunden mit einem Online-Service, der Reisebüros und Schalter von Fluggesellschaften ersetzt. Internet-Banken haben keine Schalter mehr, kaum Personal und wenig Know-how, weil sie fast alles einkaufen und auslagern können an IT-Provider, Compliance-Services, Zahlungsverkehr-Provider, Asset Manager und ähnliches mehr. Die Kernkompetenz dieser Gebilde dürfte im e-banking liegen sowie darin, dass sie mit wesentlich weniger Kosten starten als eine althergebrachte Bank, die über 100 Jahre viel Speck und viele teure, schöne Hauptsitze und Bankfilialen angesetzt hat. Es gibt inzwischen gänzlich virtuelle Firmen, beispielsweise in der Pharma-Branche – sie haben alle Funktionen von der Forschung und Entwicklung über Produktion, Registrierung und Marketing ausgelagert und an Dritte übergeben und haben keinen einzigen Angestellten ausser den Managern, die die Firma gegründet haben und besitzen.

Diese Dekonstruktion hat enorm viel Potential freigelegt und zu völlig neuen Formen der Wirtschaft geführt. Wie alle neuen Technologien hat sie jedoch auch ihre Schattenseiten. Für den Reisenden ist Uber ein Segen – er muss sich keine Sorgen machen, ob der Taxifahrer im fremden Land ihn versteht und ob er Kleingeld in lokaler Währung hat. Der Taxifahrer ist hingegen damit unglücklich, dass er vom Angestellten zum Unternehmer geworden ist und Standzeiten, Ferien, Krankheiten und Sozialabgaben seine eigene Verantwortung und sein eigenes Risiko geworden sind.

Der Kritik am Finanzkapitalismus kann man die unbestrittene Höchstleistung vieler börsenkotierter Firmen entgegenhalten, die über einen langen Zeitraum ausgezeichnete Ergebnisse liefern, ihren Mitarbeitern oft stabile und gute Arbeitsbedingungen garantieren und der Gesellschaft gute

Produkte, hohes Knowhow und innovative Technologien anbieten. Die Wirtschaft insgesamt wächst weltweit und mit ihr der statistische Wohlstand pro Kopf, auch wenn die Verteilung oft sozial unausgewogen ist. Während 1995 über 30 Prozent der Weltbevölkerung in extremer Armut lebten (mit weniger als 2,15 US-Dollar pro Tag in bereinigter Kaufkraftparität von 2017), waren es 2022 weniger als 10 Prozent.[22] Dass die Dritte Welt dabei ist, gegenüber der Ersten Welt aufzuholen, trägt allerdings eher zu Abstiegsängsten in der Ersten Welt und entsprechenden politischen Folgen bei, als dass wir uns darüber freuen würden. Diese Ängste werden auch dadurch befördert, dass die Schere zwischen Arm und Reich in vielen Ländern wieder aufgegangen ist, insbesondere wegen der sogenannten *asset inflation*, also der starken Wertsteigerung bei Aktien und Liegenschaften, von der vor allem die reicheren Schichten profitieren.

Kapitel 4: Ist der Neoliberalismus an allem schuld?

In der akademischen Literatur gibt es fast keine Studie zur Krise der Demokratie und zu den Zersetzungserscheinungen unserer Gesellschaft, in der nicht der Neoliberalismus der 1980er und 1990er Jahre und der globalisierte Kapitalismus, der seit dem Fall des Eisernen Vorhangs weltweit vorherrscht, als Mit- oder Hauptschuldige genannt werden. Weite Teile der Universitäten, weite Teile des linken politischen Spektrums sowie rechtspopulistische Parteien sind davon überzeugt, ohne diese Aussage noch gross zu hinterfragen.

Die Beweggründe dafür sind unterschiedlich, man trifft sich aber in der Kritik. So kritisieren ein Bernie Sanders oder ein Jean-Luc Mélenchon aus einer antikapitalistischen Grundüberzeugung heraus die wachsende Ungleichheit, den Abbau des Sozialstaats, den Lohndruck und die zunehmend prekären Arbeitsplätze. Donald Trump, Marine Le Pen oder Giorgia Meloni befürworten zwar den Kapitalismus, versehen ihn aber mit einer stark nationalistischen, protektionistischen, ja sogar merkantilistischen Komponente und wettern gegen die ‹liberalen Eliten›, die gegen die Interessen des ‹kleinen Mannes› agieren. Nigel Farage kombiniert das alles in seinem Wahlprogramm: Er verspricht *net zero* Einwanderung, eine Anhebung des Steuerfreibetrages auf 20.000 Pfund, die Abschaffung aller Erbschaftssteuern, die Streichung aller Gesetze, Verordnungen und Vorschriften, die eine Reduktion des CO_2-Ausstosses zum Ziel haben, die Einführung von Benzin-Subventionen für Pensionierte, die Verstaatlichung der Wasser- und Stahlwirtschaft und ein Dividendenverbot für Elektrizitätsfirmen, die das Landschaftsbild störende Masten nicht abreissen.[23]

Bei den Intellektuellen und in der Zivilgesellschaft ist es eher die Linke, die den Neoliberalismus attackiert. Bei der kapitalismuskritischen Organisation Attac sagt es der Name selbst. Fridays for Future und Occupy Wall Street sind weitere Beispiele, die im Kapitalismus und Neoliberalismus die Ursache für Finanzkrisen, Umweltzerstörung und Monopolbildung sehen. Thomas Piketty und Joseph Stiglitz bei den Ökonomen, Noam Chomsky und Slavoj Žižek bei den Linguisten und Philosophen, Arundathi Roy und Annie Ernaux bei den Schriftstellerinnen stehen stellvertretend für viele andere, die ihre Meinung teilen. Aber selbst hier gibt es Kritik auch vom entgegengesetzten rechten Flügel, wenn man an die Heritage Foundation in den USA und ihr Projekt 2025 denkt, in dem sie eine völlig anti-liberale Analyse von Aussenhandel und Währungssystem vornimmt.

Bevor diese Frage weiterverhandelt wird, bedarf es einer terminologischen Richtigstellung. Der Liberalismus ist eine Richtung der Wirtschafts- und Gesellschaftsphilosophie, die im 18. Jahrhundert mit Adam Smith und David Ricardo ihren Anfang genommen hat und Teil der Aufklärung war. Im 19. Jahrhundert wurde sie mit der Industriellen Revolution zur vorherrschenden Wirtschaftsphilosophie, und die Wirtschaftspolitik der Länder, die heute als westliche Demokratien bezeichnet werden, richtete sich mit unterschiedlicher Ausgestaltung und in unterschiedlichem Tempo an ihr aus. John Stuart Mill war der wohl bekannteste Vordenker dieser Schule im 19. Jahrhundert und gab dem Liberalismus eine humanistische Note. So war er, seiner Zeit weit voraus, ein grosser Anhänger der Emanzipation der Frauen. Mit dem Aufkommen von Nationalismus, Imperialismus und Kolonialismus im späteren 19. Jahrhundert und dem Ersten Weltkrieg Anfang des 20. Jahrhunderts spielte der Staat eine immer grössere Rolle im Wirtschaftsleben, was der liberalen Theorie widersprach. Der nach dem Ersten Weltkrieg aufkommende Faschismus war nicht liberal, sondern korporatistisch und etatistisch. Gleichzeitig wurde klar, dass Kommunismus und Faschismus der Idee der Freiheit des Individuums, die das Grundprinzip des Liberalismus ist, radikal ablehnend gegenüberstanden.

Friedrich von Hayek und einige Gleichgesinnte versammelten sich deshalb im August 1938 zu einer Konferenz in Paris – nach dem ebenfalls teilnehmenden amerikanischen Publizisten ‹Colloque Walter Lippmann› getauft – und lancierten das, was sie den Neoliberalismus nannten. Sie wollten den Wert der freiheitlichen Gesellschaft und Wirtschaft unterstreichen und den Widerstand gegen die Diktatur unterstützen.[24] Die Erfahrung der Diktatur und des Zweiten Weltkrieges blieb eine bestimmende Erfahrung für die Liberalen oder Neoliberalen, und ihr Vertreter Ludwig von Mises drückte es so aus: «Das Ziel des Liberalismus ist Frieden zwischen den Nationen und innerhalb der Nationen.» In den 1950er Jahren wurde dann die ‹soziale Marktwirtschaft› in Deutschland eingeführt, die eine freiheitliche, demokratische Gesellschaft mit Kapitalismus und Sozialstaat verknüpfte. Dieses Modell wurde wieder in je nationalen Abwandlungen kopiert, während in den USA weniger (aber nicht gar kein) Sozialstaat und mehr liberaler Kapitalismus am Werk war. Beides jedoch wird als liberale Demokratie bezeichnet und hat den Ländern der Ersten Welt nun 80 Jahre des Friedens, der Freiheit und des zunehmenden Wohlstands beschert.

Es ist einigermassen stossend, den Liberalen soziale Kälte und Klassenkämpfertum vorzuwerfen, oder wie Omri Boehm festzustellen, dass «der Liberalismus kein Humanismus» sei. Die Vorbehalte der Liberalen gegen staatliche Eingriffe waren erstens, dass der Staat – unter Führern wie Hitler, Stalin und Mao – im 20. Jahrhundert 170 Millionen Menschen umgebracht hatte[25] und seine Macht deshalb so klein als möglich gehalten werden musste, um eine Wiederholung zu verhindern. Hohe Steuern und grosse Bürokratien bargen die Gefahr, einmal in den falschen Händen, wieder die Freiheit der Menschen zu bedrohen. Zweitens waren die Liberalen der Überzeugung, dass die Privatwirtschaft viele Aufgaben besser und billiger wahrnehmen könne als der Staat, weil die Privatwirtschaft mit ihren Mechanismen wie Konkurrenz und Konkursrisiko eine höhere Verantwortlichkeit, Motivation und Leistungsbereitschaft aufweist (und, das sei am Rande vermerkt, viel weniger anfällig für Korruption ist als der Staat). Drittens, und das ist wohl der wichtigste Vorbehalt der Liberalen gegen den ständigen Ausbau des Sozialstaates, befürchten sie die Abhängigkeit der Bürger von einem bevormundenden, paternalistischen Staat, die zu einer Erosion der Eigenverantwortlichkeit führt und somit erneut die Freiheit der Bürger bedroht – das ist der Hayek'sche ‹Weg in die Knechtschaft›. Heute, im Abstand von vielleicht 50 Jahren, wird man feststellen, dass diese Befürchtung nicht ganz von der Hand zu weisen ist, wie viele der hier beschriebenen Krisensymptome der Demokratie zeigen.

Schwer geschadet hat dem Ansehen des Liberalismus die Kollaboration des neoliberalen Vordenkers Milton Friedman und der sogenannten Chicago Boys mit dem Pinochet-Regime in Chile in den 1970er und 1980er Jahren, zur Zeit der schlimmsten Menschenrechtsverletzungen, für die es keine Entschuldigung gibt. Die Chicago Boys waren eine Gruppe chilenischer Ökonomen, die in den 1950er bis 1970er Jahren in Chicago ausgebildet wurden und stark von Friedman beeinflusst waren. Sie waren später massgeblich für die Wirtschaftspolitik in Chile unter Pinochet verantwortlich. Friedman selbst war kein Berater der chilenischen Regierung, hat aber 1975 den Diktator Augusto Pinochet besucht. Friedman hat sich später damit gerechtfertigt, dass die freie Marktwirtschaft ihr Ziel erreicht hätte, nämlich 1990 die (Wieder-)Einführung einer liberalen Demokratie in Chile. Gleichzeitig sei Chile in den 17 Jahren der Pinochet-Diktatur das wohlhabendste Land Südamerikas geworden. Zu Mord und Folter des Regimes wollte er sich nicht äussern. Leider ist Friedman damit in guter Gesellschaft gewesen, haben doch Intellektuelle des 20. Jahrhunderts wie Heidegger, Sartre, Foucault und Derrida unerträgliche Sympathien für menschenverachtende Regime geäussert und, im Falle von Heidegger, auch ausgelebt. Heidegger war von 1933 bis 1945 Mitglied der NSDAP und hat als Rektor der Universität Freiburg in den Jahren 1933 und 1934 aktiv die Gleichschaltung der Universität und den Ausschluss jüdischer Professoren betrieben. Sartre hat bis in die 1950er Jahre die Existenz des Gulag-Systems in der Sowjetunion und Stalins Verbrechen gegen die Menschlichkeit geleugnet, um dann in den 1960er und 1970er Jahren von Mao und seiner Kulturrevolution zu schwärmen. Foucault, der zusammen mit Sartre nach 1968 die maoistische ‹Gauche prolétarienne› unterstützte, befürwortete die revolutionäre Gewalt, der bei der Kulturrevolution Millionen Menschen auf brutalste Art zum Opfer fielen, und wollte ähnliche Akte von Volksjustiz in Paris sehen. Einige Jahre später besuchte er zweimal den inzwischen theokratischen Iran und bewunderte die «gesunde Religion aus Kampf und Opfer», die er nach der sogenannten Islamischen Revolution dort vorfand. Derrida schliesslich, der in der Philosophie den Begriff der Dekonstruktion einführte, der für den Titel dieses Buches – ohne jede philosophische Konnotation – entlehnt wurde, hat alle möglichen intellektuellen Verrenkungen gemacht, um die antisemitischen und nazi-freundlichen Jugendschriften seines engen Freundes und Mitstreiters im Dekonstruktivismus, Paul de Man, zu vernebeln und umzudeuten. Stossend ist bei all diesen Intellektuellen von Friedman bis Derrida, dass Ideologie für sie wichtiger war als die Menschenrechte, insbesondere aber, dass sich keiner von ihnen je öffentlich entschuldigt oder eine moralische Mitschuld zugegeben hat.[26]

Dazwischen ist aber noch eine Etappe zu berücksichtigen, die gemeinhin und fälschlich als ‹Neoliberalismus› bezeichnet wird und unter der man zuerst die ‹neoliberalen› Reformen der 1980er Jahre versteht, für die Ronald Reagan und Margaret Thatcher sinnbildlich stehen, und dann den globalisierten Kapitalismus seit dem Fall des Eisernen Vorhangs, der in der Finanzkrise 2008 kulminierte. Wirtschaftlich betrachtet waren diese Jahre weltweit die erfolgreichsten in der Geschichte der Menschheit. In Ländern der Dritten Welt wurden Hunderte von Millionen Menschen aus der Armut herausgehoben. Der Anteil hungernder Menschen an der Weltbevölkerung wurde fast halbiert, und auch in den ärmsten Ländern fiel die Kindersterblichkeit und stieg die Lebenserwartung. Auch in der Ersten Welt wuchs die Wirtschaft stärker als in den 1970er und 1980er Jahren, weil sie zum einen von der ‹neoliberalen Deregulierung› profitierte und zum anderen vom plötzlich möglich gewordenen Austausch mit den ehemals kommunistischen Ländern, von denen China eine Wachstumslokomotive für die ganze Welt wurde. Es gab aber auch Verlierer: das sind die oft zitierten Fabriken und Industrien, die in Billiglohn-Länder ausgelagert wurden, der *Rust Belt* in den USA oder die nordenglischen, nordfranzösischen und wallonischen Industriestädte. Dieses Problem ist sehr wohl erkannt worden, und Politiker wie Tony Blair oder Bill Clinton haben mit einem gleichzeitigen Ausbau des Sozialstaates versucht, die damit verbundenen Verluste abzufedern. Was dabei wohl zu kurz kam, war die Selbstachtung der Betroffenen, das Emotionale. Industriearbeiter verloren über Nacht ihren ehemals geachteten Status, ihr Selbstverständnis. Ihnen wurde zwar finanziell geholfen, aber ihre Städte verlotterten, weil die neuen Industrien und zukunftsträchtigen Branchen mobile, gut ausgebildete Arbeitskräfte brauchten, die in diesen Städten nicht zu finden waren. Der Abstand zu dieser neuen, gut ausgebildeten Mittelklasse, der *diploma divide*, vergrösserte sich: Wo die Verlierer, die nicht gut ausgebildeten und nicht mobilen *somewheres*, wie der britische Journalist David Goodhart die Gruppe der Zurückgebliebenen nennt, Hilfe bei ihren sehr existentiellen Problemen erwartet hätten, beschäftigten sich die gut ausgebildeten, mobilen *anywheres* stattdessen mit Themen wie Gleichstellung, Rassismus, LGBTQ und dem Klimawandel. Dem folgte ein entsprechender Druck auf die Wirtschaft zu Anstrengungen im Bereich der Nachhaltigkeit, der Diversität und der Inklusion. Diese Anliegen, so wichtig sie sind, verdrängten nicht nur oft die Beschäftigung mit den weiter bestehenden existentiellen Sorgen von Arbeitern und der Mittelklasse, sie auferlegten ebendiesen Gesellschaftsschichten auch oft die Hauptlast bei deren Bewältigung. Steigende Energiepreise aufgrund gestiegener Vorschriften etwa treffen einkommensschwächere Schichten überproportional. Ebenso leben die betroffenen Menschen überproportional in Quartieren, deren Schulen zufolge eines hohen Ausländeranteils einen grösseren Integrationsaufwand betreiben müssen.

Allzu schnell wird jede negative gesellschaftliche Entwicklung einseitig dem Neoliberalismus angelastet. Viel eher haben sich hier wirtschaftliche Entwicklungen wie der Neoliberalismus und gesellschaftliche oder kulturelle Entwicklungen wie das Prinzip der Selbstverwirklichung in der Gesellschaft gegenseitig aufgenommen und verstärkt. Die Selbstverwirklichung oder, um mit Freud zu sprechen, das zugrunde liegende Lustprinzip besteht darin, die sofortige Bedürfnisbefriedigung dem Realitätsprinzip, also der Anpassung an die Aussenwelt, voranzustellen. Es hat im Verlaufe der Jahre zu mehr Hedonismus, Narzissmus, Individualismus und zu einer Maximierung der

Selbstverwirklichung geführt. Es wurde aber auch kräftig angeheizt von einer Wirtschaft, die dank der neoliberalen Deregulierung mehr Freiheit erhielt. Die ständige Berieselung der Konsumenten mit Werbung, die Ökonomisierung und Kommerzialisierung weiter Lebensbereiche wie Schulen und Universitäten, Freizeit und Sport, Liebe und Partnerschaft, oder die Konfrontation mit wertfreien, oft sogar amoralischen, weil jeden Respekt vor dem Mitmenschen vermissen lassenden Inhalten in den kommerzialisierten Kulturträgern Film, Fernsehen und Kunst haben eine Anspruchshaltung erzeugt, in der Bedürfnisse sofort erfüllt werden müssen und im gegenteiligen Fall sofort Frustration einsetzt.

Es gehört in der Ersten Welt zu den unhinterfragten Gewissheiten einer breiten Öffentlichkeit, dass die materielle Ungleichheit in unseren Gesellschaften in diesen Jahrzehnten des ‹Neoliberalismus› zugenommen hat. Die Statistiken von Piketty, dem bekanntesten Vertreter dieser These, sind zwar umstritten, und der nach dem italienischen Ökonomen Corrado Gini benannte Gini-Koeffizient, der die Ungleichheit wissenschaftlich korrekt zu messen versucht, ist in manchen Ländern unverändert geblieben oder hat sich sogar verbessert. Er misst allerdings nur die Einkommensverteilung, während die Ungleichheit in der Vermögensverteilung in Zeiten tiefer Zinsen und stark steigender Aktien- und Immobilienpreise tatsächlich in fast allen Ländern zugenommen haben dürfte. Das Gefühl der Ungleichheit wird dadurch gefüttert, dass wir mehr auf die Reichen schauen als auf die Armen, und dass in einer globalisierten Welt einige – oft sehr innovative – Unternehmer ungeheuren Reichtum angehäuft und die Führungsschicht der grossen Konzerne, wie an anderer Stelle erläutert, Einkommen eines Vielfachen dessen ihrer Angestellten erzielen können. Nicht zuletzt ist die Überzeugung zunehmender Ungleichheit auch der Allgegenwärtigkeit von ‹Vergleichstechnologien›[27] geschuldet. Reichtum wird heute öffentlich ausgelebt und mit ‹Reichsten›-Ranglisten beziffert. Popularität wird in den Social Media mit Likes und Followern gemessen. Exklusivität, zum Beispiel die Exklusivität von Schulen und Universitäten, wird mittels Rankings dokumentiert und hat materielle Folgen für Lebenschancen und Lebenseinkommen. «Vor allem der Neid ist eine Emotion, die die Kultur der Spätmoderne damit systematisch heranzüchtet», so der Soziologe Reckwitz.[28]

Die Wirtschaftsentwicklung insgesamt liefert gute Argumente dafür, dass wir ungemein von den neoliberalen Reformen und dem globalisierten liberalen Kapitalismus profitiert haben. Es ist auch unzweifelhaft, dass Ende der 1970er, Anfang der 1980er Jahre unsere Wirtschaften in eine Stagnation verfallen waren – teils wegen des Ölschocks, teils wegen verkrusteter Strukturen – die dringend Reformen erforderte. So war ein Teil der englischen Gewerkschaften von autoritären Ideologen wie Arthur Scargill in Geiselhaft genommen worden und zum Werkzeug des Klassenkampfes ohne jedes Ansehen wirtschaftlicher Zwänge missbraucht worden. Dies erforderte wohl einen dieser ‹Paradigmenwechsel›, von denen Andreas Reckwitz in seinem Buch ‹Das Ende der Illusionen› spricht und die er alle 20, 30 oder 40 Jahre für unausweichlich hält, weil die alten Rezepte nicht mehr funktionieren. Als dann noch 1989 der Kommunismus implodierte und damit die Überlegenheit der Demokratie und des Kapitalismus bewiesen war, wurde die liberale Demokratie, also die Verbindung von Demokratie und Kapitalismus, ‹alternativlos› und hat in den nächsten fast 20 Jahren einen beispiellosen Siegeszug durch die Welt erlebt. Francis Fukuyama schrieb 1992 vom ‹Ende der Geschichte›[29] , was wiederum den Widerspruch vor allem linker Autoren wie Chantal Mouffe, Jacques Rancière, Wendy Brown oder Slavoj Žižek hervorrief. Wenn es keine Alternative zur liberalen Demokratie gebe und man nicht über alternative Gesellschaftssysteme nachdenken könne, dann sei das grundsätzlich undemokratisch. Schon hundert Jahre vorher hatte Carl Schmitt, der später den Nationalsozialisten zudiente, der Demokratie denselben Vorwurf gemacht. Auch Ivan Krastev sieht darin, dass die ehemals kommunistischen Regime in Osteuropa nach ihrem Fall 1989 den liberalen Demokratien nacheiferten und sie kopierten, ohne dass es eine Alternative gegeben hätte, einen Grund für die Leichtigkeit, mit der ihre populistischen Kritiker heute, 30 Jahre später, diese Demokratie angreifen und, wo sie wie in Ungarn und Polen an die Macht gelangen, wieder abbauen können[30].

Manche Autoren sehen somit in dieser laut propagierten ‹Alternativlosigkeit› einen der Gründe für das Erstarken der Autokratie und des Populismus weltweit. Das Argument, dass Menschen gerne eine Alternative haben, ist allerdings nicht sehr plausibel, denn innerhalb der liberalen Demokratie hat der Richtungsstreit zwischen rechts und links, Globalisierungsgegnern und -befürwortern, Umwelt- und Wirtschaftsbewegten nie aufgehört. Eher ist anzunehmen, dass der Wegfall der Systemkonkurrenz mit der kommunistischen Welt eine der Klammern, die unsere liberalen Gesellschaften seit dem Ende des Zweiten Weltkrieges zusammengehalten haben, entfernt und damit die verbliebene gemeinsame Kultur weiter geschwächt hat.

30 oder 40 Jahre später müssen wir aber feststellen, dass gerade die positive Wirtschaftsentwicklung in der Dritten Welt die Umweltverschmutzung enorm angetrieben hat, dass die Polarisierung in unseren Gesellschaften gefährliche Ausmasse angenommen hat, dass ein weltweites *democratic backsliding*, ein Demokratie-Abbau, stattfindet und dass unsere individuelle Anspruchshaltung von der Politik nicht mehr erfüllt werden kann. Zudem können wir unsere Produktivität immer weniger steigern, womit der zweite Treiber des Wirtschaftswachstums neben der Zuwanderung wegfällt, und wir können unseren So-

zialstaat nur noch mit einer rasch und stark steigenden Staatsverschuldung finanzieren. Die Schulden, die wir für unseren Sozialstaat machen, dienen aber auch dem Erhalt der Demokratie, denn man muss davon ausgehen, dass ein radikaler Sparkurs eine verstärkte Radikalisierung nach sich ziehen würde. Strukturelle Reformen im Interesse aller, gemeinsame Opfer für höhere Ziele sind kaum mehr möglich, weil jeder seine Einzelinteressen am höchsten gewichtet.

Es ist deshalb müssig, mit Argumenten aus der Ökonomie für den Neoliberalismus zu kämpfen oder die nachweislichen Wohltaten, die wir ihm zu verdanken haben, zu verteidigen. So wie die Ungleichheit in den Augen weiter Teile der Linken wie auch der populistischen Rechten zugenommen hat, so wird der Neoliberalismus von denselben Kreisen als einer der Hauptschuldigen für die heutige Krise empfunden.

Wir wissen also, dass wir etwas anderes brauchen, einen neuen politischen Ansatz, aber wir wissen nicht, wie er aussehen kann. Nationalismus, Protektionismus und Etatismus, wie sie die Populisten als Lösung aller Probleme anbieten, sind sicher nicht die richtigen Mittel, das haben die Jahre nach 1929, aber auch die Jahre vor dem Ersten Weltkrieg in aller Deutlichkeit gezeigt. Ganz im Gegenteil würden wir dafür teuer bezahlen müssen. Aber diese Modelle kommen offenbar bei den Wählern an, im Gegenteil zum zentristischen Ansatz, wie ihn Joe Biden in den USA oder Emmanuel Macron in Frankreich mit objektiv guten Resultaten versucht haben und der an die Politik von Clinton und Blair anschliesst.

Wir leben, das ist die Erkenntnis am Ende dieser Überlegungen, in einer emotionalisierten Welt. Fast 80 Jahre lang war die Vernunft die Basis unserer Demokratien. In vielen Ländern ist sie es noch immer. In einigen haben jedoch die Emotionen die Politik erobert, wie es in Italien und in Deutschland in den 1920er Jahren der Fall war, was George Orwell zu seiner Aussage veranlasste: «The energy that actually shapes the world springs from emotions – racial pride, leader worship, religious belief, love of war – which liberal intellectuals mechanically write off as anachronisms.»[31] Und in allen Ländern sind Kräfte am Werk, die die Sphäre der Vernunft schwächen und die Sphäre der Emotionen stärken.

Massgeblich zu dieser Emotionalisierung beigetragen haben die Medien.

Kapitel 5: Medien ohne Inhalt – dekonstruierte Wirklichkeit

«Wenn alle Dich immer anlügen, dann ist die Konsequenz nicht die, dass Du diese Lügen glaubst, sondern eher, dass Du gar nichts mehr glaubst.» (If everybody always lies to you, the consequence is not that you believe the lies, but rather that nobody believes anything any longer).

Hannah Arendt[32]

Es gibt starke Anhaltspunkte dafür, dass neue Medien grosse Umwälzungen im politischen Leben ermöglichen oder sogar auslösen, wenn dabei auch Ursache und Wirkung nicht immer klar sind. Die Einführung des Buchdrucks ging in Europa einer langen Serie von Religionskriegen voran, bei denen rund ein Drittel der Bevölkerung Europas ums Leben kam. Die Ursache hierfür war wohl die Reformation, ihre Ideen konnten sich allerdings nur dank dem Buchdruck in ganz Europa verbreiten. Dies führte zu einer Spaltung, die ganz Europa ergriff, und erklärt mindestens teilweise das Ausmass und die Ausbreitung dieser Religionskriege. Der erste Radiosender in Deutschland nahm 1923 seinen Betrieb auf. Niemand konnte das Radio besser einsetzen als Hitler und Goebbels, und von Goebbels ist das Zitat überliefert, dass die Nazis ‹ohne Flugzeuge und Radio› nie die Macht hätten übernehmen können. Das erste Smartphone, das den Siegeszug der Social Media einläutete, kam

2007 auf den Markt. Der Populismus als politische Bewegung oder vielmehr politische Methode entstand in den 1990er Jahren mit *political entrepreneurs* wie Christoph Blocher und Silvio Berlusconi. Sein Siegeszug setzte aber erst nach der grossen Finanzkrise 2008 ein, zeitgleich mit dem rasanten Siegeszug der Social Media. Die Korrelation ist stupend, auch wenn das kein Beweis für Kausalität ist.

Beim Buchdruck und beim Radio hat es lange gedauert, bis Urheberschaft und Verifizierbarkeit geklärt waren. Bei den Social Media ist noch fast nichts geklärt. Die Schnelligkeit, mit der sich Internet, Smartphones und Social Media durchgesetzt haben, ihre Reichweite und die Intensität der Durchdringung der Gesellschaft durch diese neuen Medien übersteigt aber alles bisher Dagewesene und macht eine Klärung dringlich, wenn es nicht schon zu spät und der angerichtete Schaden irreparabel ist.

Neu an den Social Media ist, und hier sehen wir wieder die Dekonstruktion am Werk, dass die Medien nicht mehr für ihre Inhalte verantwortlich sind, obwohl sie damit genauso wie eine Zeitung oder ein Fernsehsender Geld verdienen. Bei einer Zeitung oder einem Fernsehsender wissen wir, wie der Verlag oder der Sender heisst, wo er seinen Standort und damit auch seinen Gerichtsstand hat, und wer die jeweiligen Beiträge geschrieben hat. Das sorgt automatisch für eine gewisse Vorsicht und Zurückhaltung von Verlag und Journalisten, denn sie haften für das, was sie sagen, und wollen nicht mit strafrechtlichen oder zivilrechtlichen Klagen konfrontiert werden. Fox News musste rund 750 Millionen Dollar Schadenersatz dafür zahlen, die ‹grosse Lüge› von Trump geteilt und dem Stimmzählmaschinen-Hersteller Dominion Systemfehler und Wahlbetrug vorgeworfen zu haben.

Auf den Social Media wurde die ‹grosse Lüge› vom gestohlenen Wahlsieg jedoch millionenfach verbreitet und mit ungezählten persönlichen Angriffen angereichert, die viele freiwillige Wahlhelfer zur Aufgabe dieser Tätigkeit veranlassten, weil sie sich Sorgen um ihre Sicherheit, ja sogar um ihr Leben machten. Niemand wurde dafür zur Verantwortung gezogen, niemand dafür verklagt, ganz einfach, weil rechtlich gesehen niemand für diese Inhalte verantwortlich ist und weil die meisten davon anonym hochgeladen werden. Anonyme Scharfmacher griffen Personen mit einem Namen und einer Adresse an. Der US-amerikanische *Communications Decency Act* (sic) von 1996 hält ausdrücklich fest, dass «no provider or user of an interactive computer service shall be treated as the publisher or speaker of any information provided by another information content provider»[33]. Dieses Plattformprivileg hat zu einem Geschäftsmodell geführt, das inhärent gegen die Demokratie wirkt. Grosse, börsenkotierte Konzerne wie Google, Meta, Apple und Twitter haben zwar versucht, die schlimmsten Auswüchse an Hassreden, Rassismus, Sexismus und Aufwiegelung zu unterdrücken, teils weil Regionen wie die EU dafür gesetzliche Massnahmen ergriffen haben (Digital Markets Act und Digital Services Act, 2022), teils aus Sorge um ihre Reputation, teils vielleicht auch aus Überzeugung ihres Managements. Dazu gehörten auch aggressive Falschinformationen zur ‹grossen Lüge› über die gestohlene Wahl, die Trump und seine fanatischsten Vorkämpfer wie Marjorie Taylor Greene verbreiteten.

Der von Trump nach seinem zweiten Wahlsieg neu ernannte zukünftige Leiter der Federal Communication Commission, Brendan Carr, verlor aber keine Zeit, diese Bemühungen als ‹Zensur-Kartell› zu bezeichnen und dessen Zerschlagung anzukündigen. Mit anderen Worten soll inskünftig auf den Social Media alles erlaubt sein, was seit der Übernahme durch Elon Musk auf X (vormals Twitter) erlaubt ist. Im Gegensatz zu seinen Vorgängern hat Musk stets seine Abneigung gegen jede

‹Zensur› erklärt. X ist unter ihm zu einem Marktplatz für Autokraten, Rechtsextremisten, Antisemiten, Rassisten und Sexisten geworden. Es ist erwiesen, dass der Algorithmus von X die Reichweite der deutschen links- und rechtspopulistischen Parteien Alternative für Deutschland und Bündnis Sahra Wagenknecht bei der Bundestagswahl 2025 gegenüber allen anderen Parteien um ein Vielfaches verstärkt hat.[34] Musk ist auch kein Freund von Transparenz und hat sofort den kostenlosen Zugriff von Forschern und interessierten Parteien auf die Datenbank von X aufgehoben, womit die Erforschung der Funktionsweise und der Wirkung von X verunmöglicht wird. Auch Meta/Facebook hat CrowdTangle, eine Forschern und Forscherinnen sowie interessierten Parteien zugängliche Datenbank, geschlossen und die nach den amerikanischen Präsidentschaftswahlen 2020 eingeführten Zensurmassnahmen schnell wieder aufgegeben, weil Facebook dadurch weniger *sticky* wurde. Je weniger aufgebracht und wütend die Abonnenten durch zurückhaltendere Algorithmen wurden, je weniger Zeit verbrachten sie auf der Plattform. In einem Akt vorauseilenden Gehorsams hat Meta/Facebook noch vor der Amtseinführung des neuen Präsidenten Trump 2025 das Prinzip der Faktenprüfung selbst beendet, Trumps Freundin Dana White in den Meta-Verwaltungsrat gewählt und den liberalen Chef für Public Affairs bei Meta, Nick Clegg, durch den Republikaner Joel Kaplan ersetzt.

Es ist erwiesen, dass die Algorithman so programmiert sind, dass sich *mis-* und *disinformation* auf den Social Media wesentlich weiter, breiter, schneller und tiefer verbreiten als korrekte Informationen. Was für verheerende Folgen Facebooks Bevorzugung von extremen und stark emotionalen Inhalten, insbesondere der Hassrede und provokativer Verschwörungstheorien haben kann, zeigt das Massaker an den Rohingya in Myanmar 2016 und 2017.[35] Facebook war dank einem besonders günstigen Angebot, der ‹Free Basics›-App, zum dominanten Internet-Dienst in Myanmar geworden. Wie nachgewiesen werden konnte, hatte das burmesische Militär Facebook systematisch dazu benutzt, im eigenen Land Angst und Hass gegen die Rohingya zu schüren («Muslime sind Hunde und müssen erschossen werden»; «Wir müssen sie [die Rohingya] so bekämpfen, wie Hitler die Juden bekämpft hat, verdammte Kalars (ein Schimpfwort für die Rohingya)»), während Facebook diese Postings, die von Benutzern als schädlich markiert worden waren, als besonders populär wertete und in ihrem Algorithmus bevorzugte. Es kam, wie es kommen musste. Der Hass auf die Rohingya schlug in der ganzen Gesellschaft Wurzeln. Militär und Bürgermilizen brannten unzählige Rohingya-Dörfer nieder, vergewaltigten und mordeten, und vertrieben fast eine Million Rohingya, die seither ohne jede Perspektive in Flüchtlingslagern im benachbarten Bangladesch leben. Selbst Mark Zuckerberg sagte bei einer Anhörung im US-Senat 2018: «Was in Myanmar passiert ist, ist eine schreckliche Tragödie, und wir müssen mehr tun.» Er versprach, mehr Faktenchecker mit lokalen Sprachkenntnissen einzustellen.[36]

Seit dem 13. Juli 2024, dem Tag, an dem Musk bekanntgab, Trump unterstützen zu wollen, hat sich die Sichtbarkeit von Elon Musks eigenen Tweets auf X mehr als verdoppelt und, wie australische Forscher festgestellt haben, «auch die Accounts von Republikanern legten an Reichweite signifikant zu».[37] Sie schlossen daraus, und sie drückten sich vorsichtig aus, auf die ‹Möglichkeit› einer ‹algorithmischen Priorisierung›, also die Bevorzugung gewisser Inhalte zulasten anderer. Das sieht Brendan Carr jedoch in seiner verschobenen Weltsicht nicht als Zensur an, denn es dient ja der Sache, fördert genehme (republikanische) Inhalte und unterdrückt nicht genehme (nämlich alle anderen). Die Werbeaufträge für X haben seit der Wahl Trumps zugenommen, weil sich viele Firmen davon eine bessere Behandlung durch Musk und Trump versprechen. Wer weniger auf X wirbt, wie zum Beispiel Nestlé, wird von Musk verklagt. Musk vergleicht den Digital Services Act (DSA) der EU, der die schlimmsten Auswüchse auf den Social Media wie die Hassrede zu verhindern sucht, mit der Zensur in China, und der gewählte amerikanische Vizepräsident J. D. Vance hat Europa mit dem Austritt aus der NATO gedroht, wenn X wegen Verstössen gegen den DSA gebüsst werden sollte.[38]

Die Social Media sind nicht nur deshalb problematisch, weil sie selbst so viele negative Folgen für die Gesellschaft auslösen, sondern weil sie auch disruptiv für die herkömmlichen Medien waren. So gehen inzwischen geschätzte 80 Prozent der früheren Werbeeinnahmen der Zeitungen und Zeitschriften zu Konzernen wie Google und Facebook.[39] Die Gesamteinnahmen der Print-Medien sind um die Hälfte eingebrochen, was Stellenkürzungen, Fusionen, Betriebseinstellungen und eine Verringerung des Angebotes zur Folge hat. Wer überleben will, muss gnadenlos die sogenannten ‹Klicks› jagen. Da das Publikum nun einmal lieber über einen Sexskandal als über einen Literatur-Nobelpreisträger liest, ist es klar, welche Beiträge von den Medien favorisiert werden. Junge Menschen wiederum neigen dazu, überhaupt keine Print-Medien zu lesen und Radio und Fernsehen kaum mehr zu benützen.

Aus der Nachrichten-Industrie ist eine Industrie für schlechte Nachrichten geworden, wie es ein Beobachter ausgedrückt hat. Dazu trägt eine Generation von Journalisten bei, die die Welt unter Generalverdacht stellt und Kritik geradezu obsessiv ausübt. Es leuchtet ein, dass Journalisten ihre Informationen kritisch überprüfen müssen. Dies ist jedoch kein Freibrief dafür, alle Personen, Bereiche und Geschehnisse, über die man schreibt, unnachgiebig zu kritisieren.[40] Bei den Journalisten trifft hier ein fehlgeleitetes Verständnis von Journalismus mit dem ökonomischen Interesse ihrer Arbeitgeber an mehr Klicks zusammen, und statt als ‹vierte Gewalt› Teil der demokratischen Lösung zu sein, werden die Medien so zu einem Teil des Problems.

Unsere Welt besteht gefühlt aus Katastrophen, Skandalen, Kriminalität und Regierungsversagen. Auch unser nicht-politisches Leben ist gefühlt gefährlich. Stress ist ungesund, wie auch unser Essen eigentlich ungesund ist, wie auch die Umwelt ungesund ist, wie auch unsere Partnerschaften problematisch sind und so weiter und so fort. Wir hören und lesen nur von Problemen, denn «niemand schreibt über Züge, die pünktlich ankommen» (französisches Sprichwort). Die Medien sind zu ‹Herstellern von Unzufriedenheit› geworden, ganz so wie das auch die Populisten sind.[41]

Zumindest in Westeuropa lebt die grosse Mehrheit der Bevölkerung besser denn je zuvor. Unsere Infrastruktur ist hervorragend, und wer sich zum Beispiel in Deutschland über verspätete Züge aufregt, der möge daran denken, dass es bis 1991 noch gar keine ICE-Schnellzüge gab. Er könnte auch einfach *sine ira et studio* feststellen, dass Deutschland mit der Deutschen Bahn ein echtes Problem hat, das gelöst werden muss. Unsere Schulen, Ausbildungsstätten und Universitäten sind besser eingerichtet und grosszügiger finanziert denn je. Auch unser Essen und das Gesundheitswesen können nicht so schlecht sein, denn wir werden älter denn je und werden dies gesünder denn je. Und schliesslich die wirtschaftliche Lage: Viel wird über den drohenden Abstieg gesprochen und über die Aussicht, dass es den nächsten Generationen nur schlechter gehen kann als uns. Tatsächlich ist aber der Sozialstaat weiter ausgebaut denn je, die Realeinkommen höher denn je, die Arbeitslosigkeit tiefer als noch vor 20 oder 40 Jahren. So bewerten denn auch 57 % der Deutschen in einer Studie von Anfang 2025 ihre wirtschaftliche Situation als gut und nur 8 % als schlecht. 85 % der befragten Deutschen sagen, dass es ihnen und ihren Familien gut geht. Zugleich halten aber 82 % den Zustand ihres Landes für schlecht. «Persönliche Zufriedenheit bewertet man in erster Linie nach persönlichen Erfahrungen. Die Lage des Landes kann man so aber nur schwer einschätzen. Hier stützt sich das Urteil vor allem auf die Berichterstattung in den Medien», heisst es dazu in der Studie[42].

Das soll nicht heissen, dass unsere Gesellschaft nicht grosse Probleme zu bewältigen hat, wie den Klimawandel, die Immigration oder die Staatsverschuldung. Aber eigentlich könnten das auch inspirierende Zukunftsprojekte sein, so wie es der Aufbau des Sozialstaates ab Ende der 1950er Jahre war oder der Ausbau der kommunalen Infrastrukturen, von Schulen bis zu Schwimmbädern und Spitälern, in den 1970er und 1980er Jahren. Und eigentlich haben viele unserer Politiker insgesamt eine gute Leistung geboten, obwohl die Rahmenbedingungen ihres Tuns – permanente Öffentlichkeit, hohe Anspruchshaltung, Aufsplitterung der Gesellschaft in Einzelinteressen, Verwässerung der Realität durch Infotainment – ihre Arbeit sehr erschweren und obwohl es zunehmend Anzeichen einer negativen, allzu sehr auf Schauspielkunst und Skrupellosigkeit ausgerichteten Selektion unserer Politiker gibt.

Neben der einseitig negativen und zur Erhöhung des Pulses zugespitzten Berichterstattung ist es auch das schiere Übermass an Informationen, das unser Verständnis der Wirklichkeit zersetzt. Radio, Fernsehen, Zeitungen mittels ihrer Webseiten und Social Media liefern uns jede Minute, jede Stunde, jeden Tag einen Strom von Nachrichten in Endlosschleife, der uns abstumpft und uns keine Zeit zum Verarbeiten und Nachdenken gibt. Die Zeit selbst ist dekonstruiert, weil sie nicht mehr eingeteilt ist, zum Beispiel in eine Morgenzeitung und die Abendnachrichten am Fernsehen. Es gibt keinen Zeitfilter mehr, es sei denn, wir schalten Fernsehen, Radio, den Computer und das Smartphone bewusst ab, und es gibt auch keine Hierarchie, keine Gewichtung der Informationen mehr. Wir hören und sehen pêle-mêle sogenanntes ‹Infotainment›: ein Erdbeben in der Türkei, der Sieg einer Fussball-Mannschaft, der Krieg im Sudan, die Wahlen in den USA, die Heirat oder die Scheidung zweier Prominenter, die Hungersnot in Somalia, der Tod der Queen, alles untersetzt mit regelmässiger Werbung für ein neues Katzenfutter, ein neues Automodell, ein Luxus-Hotel in der Karibik, Nudeln, Shampoo oder Versicherungen, pausenlos und immer wieder auf allen Kanälen und Medien. Information wird nur noch zur Kenntnis genommen, wenn sie mit Unterhaltung gekoppelt ist.

Unsere Aufmerksamkeitsspanne wird kürzer und kürzer. In weniger als einer Sekunde entscheiden wir uns auf dem Smartphone oder dem Computer, ob wir einen Artikel lesen oder nicht oder ein Video anschauen oder nicht. Wie Untersuchungen zeigen, sind viele Benutzer der Meinung, sie seien informiert, obwohl sie beim Scrollen in dieser Sekunde nur die Überschrift gelesen und das Posting gar nicht geöffnet haben. Es ist unmöglich, in diesem Ausmass Betroffenheit oder Empathie zu zeigen. Es ist unmöglich, in dieser Kürze Probleme (das sind dann meistens ‹Krisen› in den Medien) zu verarbeiten, ohne zugleich abzustumpfen und die Welt als etwas sehr Negatives zu begreifen. Und da ‹die Welt› sich für den Einzelnen letztlich auf die eigene lokale, regionale und nationale Umwelt reduziert, leben wir gefühlt in streitsüchtigen, problembehafteten, unsicheren Ländern, in einer ‹aufgewühlten Gesellschaft›, wie der Psychologe Stephan Grünewald eines seiner Bücher betitelt hat, und können niemandem mehr vertrauen.

Zu viele schlechte Nachrichten, überhaupt zu viele Nachrichten – es gibt noch mehr Entwicklungsstränge, die im Zusammenwirken verschiedener Einflüsse grob gesagt von 1968 als Startpunkt einer Enthemmung dessen, was man in der Öffentlichkeit tun kann, über die neoliberalen Reformen der 1980er und 1990er Jahre bis zu den Social Media führen und die unsere Gesellschaft nachhaltig verändert haben. In den 1980er Jahren wurde das Fernsehen in Europa teilweise privatisiert, während es in den USA schon immer weitgehend privat war. Allerdings wurde unter Präsident Reagan in den USA die *fair reporting*-Verpflichtung abgeschafft, die Medienunternehmen zu einer ausgewogenen Berichterstattung zwang. Diese Reform ermöglichte in den 1990er Jahren erst die Lancierung eines Senders wie Fox News, der sich keinerlei journalistischen Standards mehr verpflichtet fühlt und einen vorher nicht existenten Markt für extreme Standpunkte geschaffen und bewirtschaftet hat.

Silvio Berlusconi ist wohl das bekannteste Symbol für das neue europäische Fernsehen, dessen Inhalte seit den 1980er Jahren hauptsächlich in leicht bekleideten jungen Frauen, Blödel-Shows ohne Anspruch und Inhalt und anderer seichter Unterhaltung bestanden. Im Vergleich dazu war das staatliche Fernsehen, um dessen politische Beeinflussung je nach Land heftig gerungen wurde, seriöser und informativer, aber auch langweiliger. Wo der Zuschauer vor der Privatisierung die Wahl zwischen einigen wenigen Fernsehkanälen hatte, die alle auch Informationsblöcke im Programm hatten, konnte er nun eine Vielzahl von Kanälen wählen, die nur noch Unterhaltung und gar keine Information mehr boten. In den folgenden Jahren kam es zu einer Erosion der Grenzen dessen, was das Fernsehen zeigen durfte. Reality Shows entblössten die – freiwilligen – Teilnehmer jeglichen Restes ihrer Privatsphäre, während vulgäre Reality Shows[43] wie ‹Trompe-moi si tu peux›, in denen zum Seitensprung aufgerufen wurde, eine despektierliche und zynische Sicht unseres Zusammenlebens vermittelten. Die äusserst erfolgreiche Jerry Springer-Show, die in den 1990er Jahren die populärste Fernsehshow der USA wurde, gab Anlass zu

Sodomie und Mord[44], wurde aber trotz aller Proteste bis 2018 weiter ausgestrahlt. Hollywood hat ins gleiche Horn geblasen, mit einem riesigen Angebot an Filmen, die entsetzliche Rollenbilder zu Millionen von oft jugendlichen Menschen transportieren. Das Verhalten eines Donald Trump wird *mutatis mutandis* in diesen Filmen vorweggenommen, und es ist kein Zufall, dass die Teilnehmer an Fernseh-Reality-Shows eine narzisstische Persönlichkeit mit Trump teilen. Auch Trump war ja mit seiner Show ‹The Apprentice› einst selbst ein Fernseh-Star.

Parallel zur Privatisierung und Multiplizierung der Medien, mit denen unser Leben dank Social Media inzwischen fast ‹transhuman› verwoben ist, hat sich die sogenannte Aufmerksamkeitsökonomie entwickelt. Der Kampf um Aufmerksamkeit in einem Meer von Informationen hat zur Folge, dass der Bedarf an Fachleuten für Aufmerksamkeit enorm zugenommen, der Bedarf an Journalisten, die Informationen verarbeiten und beurteilen, hingegen stark abgenommen hat. Kam vor 30 Jahren in den USA auf einen Journalisten ein PR-Fachmann, so sind es heute fünf PR-Fachmänner pro Journalist.[45] Auch Influencer haben heute ein ungleich grösseres Publikum als Journalisten. Bei Politikern führt dies dazu, dass nur noch der *Soundbite*, die knackige Kurzaussage, und die Lautstärke zählen. Für sachliche Argumente bleibt keine Zeit mehr. Dies spielt den Populisten in die Hände, die die extreme Vereinfachung komplexer Probleme auf einige leere, aber einschmeichelnde und oft im permanenten Superlativ dargebrachte Worthülsen als Methode perfektioniert haben, wo sie nicht direkt zur systematischen Lüge (Trumps *big lie*) übergegangen sind. Leider gibt es für politische Werbung, im Unterschied zur kommerziellen Werbung, kaum rechtliche Grenzen für das Sag- und Machbare.

Dank den Social Media erleben wir derzeit schon die nächste Entwicklung, den Übergang von einer Aufmerksamkeitsökonomie zu einer Desinformationsökonomie. Heute spielen Fakten keine grosse Rolle, wir nennen das auch die ‹postfaktische Zeit›; morgen werden falsche Fakten, die bewusst oder unbewusst gestreut wurden, die Grundlage für unser Handeln sein, wir werden in einer ‹kontrafaktischen› Gesellschaft leben, wenn wir nicht energisch Gegenwehr leisten. Was wir bisher nur aus Diktaturen kannten, wird in den USA gerade Wirklichkeit.

Die Mechanismen der Social Media bedienen und verstärken die schon vorhandene Tendenz unserer Gesellschaft zu Hedonismus und Narzissmus. Facebook-Teilnehmer berichten laufend über ihr Leben, wie man es früher nur von Prominenten in den Medien gewohnt war. Ihre Community jubelt ihnen mittels Likes zu, und die Algorithmen der Social Media liefern dazu einerseits die Werbung, die das Ganze zahlt, anderseits Inhalte, die dazu passen und den Account-Inhaber in seiner Selbst- und Weltsicht bestätigen. Jeder macht sich so seine eigene Welt, die er zwar auf den Social Media, nicht aber in der analogen Realität seines Lebens teilt. Es scheint auch paradox, dass unsere Gesellschaft so individualisiert ist wie noch nie und die Selbstverwirklichung eines jeden einzelnen zur obersten Maxime gemacht hat, während gleichzeitig dazu Gruppenerlebnisse wie Fussballspiele und Popkonzerte vor riesigen Kulissen eine ungeahnte Bedeutung angenommen haben. Die Masse macht fügsam mit bei der Aufforderung des Stadionsprechers, etwa eine Welle zu machen, oder der Einladung des Sängers, etwas mitzusingen oder gemeinsam den Takt zu klatschen.

Jugendliche verbringen durchschnittlich fünf Stunden pro Tag auf den Social Media.[46] Die Social Media-Konzerne fördern dieses Suchtverhalten gezielt und professionell. Es ist gut möglich, dass es dabei auch Momente der Bereicherung und des sozialen Austausches gibt. Es ist aber auch eine enorme Ablenkung, die echte soziale Kontakte, die Konzentration auf einen einzigen wertvollen Inhalt, das Nachdenken und die Kreativität vermindert. Es beeinflusst Verhaltensweisen wie Pünktlichkeit, Verlässlichkeit und Höflichkeit negativ, fördert eine nur am eigenen Interesse ausgerichtete Orientierung, kann aber gleichzeitig Orientierungslosigkeit angesichts eines grenzenlosen Angebots zur Folge haben. Die Fähigkeit zu komplexem Denken und selbstkritischer Reflexion werden in diesen Stunden nicht angesprochen. Informationsaufnahme ist auf den Social Media, insbesondere auf Tiktok, immer mit Unterhaltung verbunden.

Rechtsextreme Influencer verstehen es meisterhaft, mit dieser Kombination die Geschichte umzudeuten. Der Holocaust wird geleugnet oder verniedlicht. Krieg und Zerstörung wird mit Popsongs unterlegt. Damit lässt sich auch Geld verdienen. Der mit 14 Millionen Zuhörern weltweit erfolgreichste Podcaster Joe Rogan, selbst Trump-Unterstützer, aber kein Rechtsextremist, bietet in seinem Podcast Holocaust-Leugnern wie Daryl Cooper und Ian Carrol eine Bühne. Er erhielt von Spotify rund 200 Millionen Dollar für eine bis 2023 dauernde Exklusivität und hat 2024 seinen Vertrag für geschätzte 250 Millionen verlängert. Viele Jugendliche begegnen diesen Inhalten lange bevor sie im Klassenraum thematisiert werden. Verbunden mit höchst fragwürdigen Inhalten wie Pornographie, Radikalismus, Gewalt und dem Gruppendruck, den Social Media gerade auf Jugendliche ausüben, sind das keine Erfahrungen, die Jugendlichen dabei helfen würden, selbstbestimmte, gut informierte und verantwortungsbewusste Erwachsene zu werden. Manche Forscher behaupten, dass die Benutzung der Social Media auch ursächlich für die Zunahme psychischer Erkrankungen bei jungen Menschen ist. Untersuchungen in Deutschland zum Beispiel zeigen eine starke

Zunahme von Einsamkeitsempfinden, Depressionen und als Folge davon einem generalisierten Vertrauensverlust in der Altersgruppe von 16 bis 23 Jahren in den letzten Jahren. Gleichzeitig ist die AfD bei den Jungwählern die stärkste Kraft geworden, und 52 Prozent der AfD-Jungwähler benutzen Social Media als Hauptinformationsquelle.[47] Unzweifelhaft haben die Medien und insbesondere die Social Media einen enormen Einfluss auf Verhaltensänderungen gehabt und die Voraussetzungen geschaffen, unter denen Misstrauen, alternative Fakten und populistische Politik gedeihen können.

Nun kommt bei den Social Media noch ein Element dazu, das sie toxisch macht. Weil niemand für den Inhalt verantwortlich ist und keine Redaktion die sogenannte Gatekeeper-Funktion ausübt, sind die Social Media weit offen für fremde Einflussnahme.

Das fängt an mit der Einflussnahme von inländischen Akteuren wie Firmen und Parteien, die die Social Media für ihre Zwecke nutzen und dies sehr direkt machen können, während sie früher nur auf Umwegen etwas bewirken konnten, beispielsweise durch Einflussnahme auf öffentliche Sender und Medien-Redaktionen. Auch kleine Organisationen wie Anhänger extremistischer Ideologien und Verschwörungstheoretiker können mittels der Social Media ein Millionenpublikum erreichen, was früher völlig ausgeschlossen war.

Beunruhigender ist die externe Einflussnahme durch diktatorische Regime wie Russland, China und Iran. In unseren polarisierten Gesellschaften braucht es sehr wenig, um eine Entscheidung in die eine oder die andere Richtung zu lenken. Es ist gut möglich, dass russische Einflussnahme 2016 den Ausschlag sowohl bei der knappen Brexit-Abstimmung in Grossbritannien als auch bei der knappen US-Präsidentschaftswahl von Trump gegeben hat, mit unabsehbaren Folgen für unsere Zukunft. Es ist bekannt, dass in Russland ganze

Heerscharen von Geheimdienst-Mitarbeitern und IT-Firmen daran arbeiten, unsere westlichen Gesellschaften zu destabilisieren, indem sie *fake news* verbreiten, Unruhe und Panik säen oder auch direkt unsere Computersysteme und Infrastrukturen attackieren.

Mehr als in Westeuropa besteht in den osteuropäischen Ländern die Gewissheit, dass wir schon lange in einem hybriden Krieg mit Russland sind. Russland mit seinen Trollfabriken produziert geradezu industriell und unter Zuhilfenahme von KI-generierten Bildern und Filmen immer neue Inhalte für die Social Media. Sie sind so massgeschneidert, dass sie durch die auf extreme und emotionale Inhalte programmierten Algorithmen weite Verbreitung finden. Im Vergleich dazu sind alle Versuche erfolglos geblieben, mit gemässigten Inhalten, ausgewogenen Informationen und prodemokratischen Botschaften ein breiteres Publikum zu erreichen. «Russland verwendet Atomwaffen auf den Social Media, während wir noch mit Pfeil und Bogen schiessen», meinte ein rumänischer Beobachter. «Du musst Dir vorstellen, dass der russische Soldat in Deinem iphone sitzt!» Die Social Media sind für ihn längst kein Medienthema mehr, sondern eines der nationalen Sicherheit und Verteidigung.

In Afrika betreibt Russland eine Kampagne in den Social Media, um westliche Gesundheitsprogramme zu verunglimpfen. Ihre Behauptung, das Dengue-Fieber sei von den USA verursacht worden und die USA benutzten die Betroffenen als Versuchskaninchen, kommt bei einer abergläubischen und schlecht informierten Bevölkerung gut an. Im Zusammenhang mit dem Krieg in der Ukraine sieht man, wie sehr die russische Propaganda verfängt und wie stark sie zum Beispiel die republikanische Partei in den USA oder die SPD in Deutschland beeinflusst, ganz zu schweigen von allen rechtsextremen und linksextremen Parteien, die direkt von Russland finanziert werden, wie beispielsweise die AfD und das BSW in Deutschland oder die FPÖ in Österreich.

Von China weiss man, dass es 2015 500 Millionen Propaganda-Postings auf den Social Media gekauft hat und dafür im Durchschnitt 50 Cent bezahlt hat.[48] Vielleicht sind es inzwischen 5 Milliarden Postings, denn dank dem Einsatz von Künstlicher Intelligenz kann die sogenannte *coordinated inauthentic behaviour* (bei dem zentral gesteuerte Disinformation und Hetze über eine Vielzahl von vorgeblich unabhängigen, individuellen Social Media Accounts platziert werden) stark automatisiert werden. China gibt jährlich zwischen sieben und zehn Milliarden Dollar für seine internationalen Medien aus, zu denen auch Streaming-Dienste für 13 Millionen afrikanische Abonnenten gehören. Auch Regime wie Iran (Hispan TV), Venezuela (Telesur), Cuba und Nicaragua versuchen international, die Meinung zu beeinflussen.[49] Im Vergleich dazu hat die Regierung Trump die Einstellung des 1942 im Kampf gegen die Nazis gegründeten Radio Free Europe wie auch der neueren Sender Voice of America, Radio Liberty und Middle Eastern Broadcasting Network beschlossen und 952 der insgesamt 1033 Angestellten der United States Agency for Global Media im ersten Quartal 2025 entlassen. Der ebenfalls Anfang 2025 erfolgten weitgehenden Streichung der USAID-Gelder fallen auch viele Fact Checker-Organisationen zum Opfer, die von USAID unterstützt wurden.

Dies alles hat zur Folge, dass wir medial übermittelte Informationen zunehmend gleichgültig oder misstrauisch zur Kenntnis nehmen. Journalismus ist für uns die Kehrseite der Politik, und beidem trauen wir nicht mehr. Die Kombination von skrupellosem Lügen, sei es aus politischem Eigennutz (Trump) oder aus wirtschaftlichem Interesse (Murdoch), und der Übernahme unserer Medien durch die Social Media hat einen erschütternden Vertrauensverlust in vielen Bereichen zur Folge gehabt.

Eine Umfrage der OECD zum Vertrauen in die nationalen Behörden und Institutionen hat ergeben, dass, mit Ausnahme einiger weniger – oft kleiner und dezentralisierter – Länder, nur rund 40 Prozent der Bevölkerung Vertrauen in ihre nationalen und regionalen Regierungen haben, obwohl sie mit den staatlichen Institutionen, mit denen sie regelmässig zu tun haben (Gesundheitswesen, Bildungssektor, Verwaltungsapparat), mehrheitlich zufrieden sind.[50] Das Paradox zwischen einer persönlichen Zufriedenheit und einer politischen Unzufriedenheit, wird gut ausgedrückt durch die Aussage: «Nobody trusts big pharma, but everybody trusts the medicine it sells.»

Das letzte Jahr, in dem mehr als die Hälfte aller Amerikaner mit der Politik zufrieden waren, war 2004. Heute sagen 49 Prozent der Amerikaner, die Demokratie funktioniere nicht gut (10 Prozent sagen gut, 40 Prozent meinen mehr oder weniger gut), und mehr als 50 Prozent der Amerikaner trauen weder der Polizei noch dem Gesundheitswesen noch der Kirche, noch dem Obersten Gerichtshof, den Banken, den öffentlichen Schulen, der Präsidentschaft, den High Tech-Unternehmen, den Gewerkschaften, den Medien, der Strafgerichtsbarkeit oder dem *big business,* wie die New York Times am 5. Oktober 2023 berichtete.

Seit 2000 erhebt die amerikanische Beratungsfirma Edelman einen sogenannten ‹Trust-Barometer›. Demnach fühlten sich 2024 69 Prozent der befragten Menschen in Deutschland benachteiligt und nahmen das wirtschaftliche, gesellschaftliche und politische System als ungerecht wahr, weil die Reichen immer wohlhabender würden und sie selbst zunehmend zurückblieben. Eine andere Erhebung des Unternehmens Pollytix zeigt, dass 90 Prozent der AfD-Wähler davon überzeugt sind, dass sie von den Medien und den Politikern systematisch belogen werden, und 81 Prozent der AfD-Wähler finden, Deutschland sei eher eine Diktatur als eine Demokratie[51].

Noch gravierender als der Mangel an Vertrauen in die Institutionen ist der Mangel an Vertrauen in eine Wahrheit, eine Wirklichkeit, die uns alle verbindet. Oft könnte man meinen, wir lebten nicht mehr im selben Land, so unterschiedlich werden politische und gesellschaftliche Verhältnisse und Vorkommnisse wahrgenommen und interpretiert. Dabei gilt immer noch das alte Diktum des New Yorker Senators Patrick Moynihan: «Everybody is entitled to their own opinion, but not to their own facts.» Wenn wir uns nicht mehr auf Fakten, auf Tatsachen, auf eine Wirklichkeit, ja sogar auf eine Wahrheit einigen können, dann wird uns entweder der grosse Führer seine Wahrheit aufdrängen, wie das in Russland und China geschieht, oder es gibt keine anderen Regeln mehr ausser Macht und Geld. «Es muss ein moralisches Bekenntnis zu Fakten geben, egal ob links, rechts oder in der Mitte», sagt Timothy Snyder.[52]

Wie wir gesehen haben, sind die Social Media zu einer grossen Bedrohung unserer westlichen Gesellschaften geworden.[53] Dennoch sind wir bisher nicht bereit – sieht man von Anfängen in der EU mit dem Digital Markets Act und dem Digital Services Act ab –, dieses mächtige neue Medium zu regulieren, während doch Buchdruck, Zeitungen, Radio und Fernsehen engmaschig reguliert und staatlich überwacht werden. Viele andere Produkte unseres täglichen Lebens sind reguliert und werden von spezialisierten Behörden kontrolliert: Lebensmittel, Kinderspielzeuge, Autos, Pharmazeutika, Finanzdienstleistungen. Hier aber haben wir eine Technologie, die die psychische Gesundheit unserer Kinder beeinträchtigt, die so ausgelegt ist, dass sie süchtig macht, die unser Zusammenleben schwächt und die Polarisierung fördert, und dennoch sind wir nicht bereit, sie zu regulieren. Man stelle sich vor, die Kinderarbeit von 1850 wäre nicht reguliert, sondern einfach weiter toleriert worden. Für uns Europäer wäre das unfassbar, nicht aber für die republikanische Rechte in den USA, die in einigen Bundesstaaten (Iowa, Florida) soeben die Vorschriften zur Kinderarbeit wieder gelockert hat. «Wir brauchen nicht zu denken, wir würden dieses Hightech-Medium vernünftiger nützen. Nichts in der Geschichte rechtfertigt diese Annahme. Vielmehr zeigt uns die Geschichte, dass jedes neue, mächtige Medium von Menschen lange Zeit dazu missbraucht wurde, damit verrückte Sachen anzustellen. Das trifft genauso auf das Internet zu», bringt Timothy Snyder die Lage auf den Punkt.[54]

Kapitel 6: Das Ende der Aufklärung – der Siegeszug des Populismus

«Ein populistischer Führer muss nicht besser sein als wir, besser vorbereitet, gebildeter, kompetenter, grosszügiger, einfallsreicher. Er sollte aber den gleichen biederen Geschmack haben, unsere beschränkten Kenntnisse, unser kindisches Verhalten, unsere irrationalen Ängste, er muss die gleichen Ressentiments hegen, die auch unser Leben vergiften. Nicht die Fähigkeiten, sondern seine Mängel legitimieren ihn.»

Daniele Giglioli[55]

Seit Jahrzehnten und insbesondere seit 2008 schauen wir dem Aufstieg des Populismus zu, ohne energisch Gegenwehr zu leisten. Manchen von uns gefällt, was wir sehen, beispielsweise die Steuersenkungen für Reiche und Konzerne, die Trump in den USA ohne jede Gegenfinanzierung durchgesetzt hat. Oder die resolute Ablehnung all dessen, was inzwischen ‹woke› genannt wird, durch Viktor Orbán in Ungarn. Oder die Investitionen in die Infrastruktur, mit denen Narendra Modi in seinen ersten Jahren als Premierminister von Indien das Wachstum der Wirtschaft angekurbelt hat.

Die Schattenseiten dieser Männer – es sind alles Männer, und meist alte Männer – werden mit einem Achselzucken zur Kenntnis genommen. Wen kümmert es, dass Trump die Finanzierung der Uno-Kommission gegen die Straflosigkeit in Guatemala (CICIG) stoppte und das Land damit dem ‹Pakt der Korrupten› überliess, der das Land seit Jahrzehnten wie einen Selbstbedienungsladen benutzt? Wem fällt auf, wenn Orbán bei einem Treffen mit Putin 2019 die gemeinsamen konservativen christlichen Werte betont und Russland und Ungarn sich gemeinsam um das schwierige Schicksal christlicher Gemeinden im Nahen Osten kümmern wollen, die Putin soeben bombardiert hat?[56] Und wen kümmert es, dass Indien den Missionaren der Nächstenliebe, einem katholischen Orden, der von Mutter Teresa gegründet worden war, die Erneuerung der Genehmigung für ausländische Spenden verweigert hat, weil der Orden angeblich Hindus zum Christentum bekehren will?

Es ist keine schöne Reise, die uns in die von Populisten regierten Länder führt. Aber es ist eine notwendige Reise, wenn wir uns die Gefahren des Populismus bewusstmachen und eine energische Gegenwehr bewirken wollen.

Bleiben wir einen Moment in Ungarn, einem der wenigen Länder, in denen die Demokratie tatsächlich mittels einer Verfassungsänderung de jure eingeschränkt wurde und nicht nur durch die Missachtung der Verfassung de facto. Schuld daran war auch eine rückblickend gesehen schwache Verfassung, die es Orbán ermöglichte, mit einer Zweidrittelmehrheit in der einzigen Kammer des Parlaments, mit einer einzigen Abstimmung, ohne jede Volksabstimmung, ohne jede Prüfung durch das Oberste Gericht, eine gänzlich neue Verfassung durchzusetzen, mit der alle demokratischen *checks and balances* abgeschafft wurden.

Wenn Sie nach Ungarn reisen, werden Sie als erstes grosse Plakate mit dem klar als Juden charakterisierten George Soros und seinen teuflischen Plänen sehen. Bei EU-Wahlen sieht man auch Plakate von Soros mit Ursula von der Leyen, ganz so, wie die FPÖ in Österreich Plakate von Frau von der Leyen und Vladimir Selenskyj mit dem Titel ‹Schluss mit dem EU-Wahnsinn› im Wahlkampf verwendet, als ob die EU in der Ukraine einmarschiert wäre. Seinerzeit, in den 1990er Jahren, hat Soros' Open Society Foundation Viktor Orbán ein Studium in England bezahlt. Jetzt aber wirft Orbán Soros vor, er wolle Millionen von Muslimen nach Ungarn lotsen und damit den ‹grossen Bevölkerungsaustausch› vollziehen[57]. Ungarn mit seinem Ausländeranteil von rund 4 Prozent der Bevölkerung muss national-konservativen Kräften in Westeuropa, die gegen Ausländer und die EU hetzen, wie ein Wunschbild einer nie dagewesenen, homogenen und einheimischen Gesellschaft erscheinen.

Dann wird man Ihnen weismachen wollen, dass die Oppositionsparteien – es gibt sie noch, und es gibt noch Wahlen, wenn auch nicht faire und freie – erstens die ungarischen Kinder zu sexueller Perversion erziehen und zweitens Ungarn in den Krieg um die Ukraine verwickeln wollen. Vielleicht werden Sie bemerken, dass Orbán und seine Fides-Partei in der neuen Verfassung, die sie 2012 beschlossen haben, die Bezeichnung ‹Republik› für das Land gestrichen haben, wie auch den Hinweis auf die Pressfreiheit.[58] Überhaupt die Presse: Alle Fernsehsender sowie 80 Prozent der Printmedien gehören inzwischen Fides-nahen Stiftungen und Geschäftsleuten. Die Redaktion der Zeitung ‹Népszabadság›, zu deutsch ‹Volksfreiheit›, wurde 2016 bei Nacht und Nebel von 140 maskierten Männern überfallen und ausgeraubt. Dabei wurden alle Arbeitsplätze physisch zerstört. Inzwischen gehört die Zeitung Lörinc Mészáros, einem Jugendfreund Orbáns. In den Schulen sind heute die beiden glühenden Hitler-Bewunderer und Nazischriftsteller József Nyírő und Albert Wass Pflichtlektüre.[59] Ebenfalls soll gemäss einer Empfehlung des Bildungsministeriums nur noch über den Holocaust gesprochen werden, wenn auch Texte «gegenteiliger Meinung» berücksichtigt werden, damit sich die Jugend «ein differenziertes Bild» machen kann.[60] Hingegen berichten Augenzeugen wie Edith P. (der volle Name ist dem Autor bekannt), Mutter einer zwölfjährigen Schülerin, davon, wie in der Schule täglich vermittelt wird: «Herr Orbán ist der Mann, der uns allen hilft.»

2015, im Jahr der grossen – weitgehend durch die brutale russische Bombardierung der syrischen Städte verursachten – Flüchtlingskrise, trat Orbán abends jeweils im Fernsehen auf, um klarzumachen, dass Ungarn keine Flüchtlinge aufnehme, da «jeder einzelne Flüchtling eine unmittelbare Bedrohung für jeden einzelnen Ungarn» bedeute. Gleichzeitig verunglimpften seine Regierung und die von ihm kontrollierte Presse die Flüchtlinge als Verbrecher, Schmarotzer und Diebe – so viel zur christlichen Barmherzigkeit.

Neben Putin zählt Orbán auch Xi Jinping zu seinen grossen Freunden und hat ihm den Bau einer Universität in Budapest für 5000 Studenten und 500 Professoren erlaubt. Mit Billigung der Regierung wird dort staatstreue chinesische Ideologie gelehrt, während Universitäten in Westeuropa Massnahmen gegen chinesische Spionage und ideologische Destabilisierung ergreifen.

Alle drei Jahre findet inzwischen in Budapest nach US-amerikanischem Vorbild die Veranstaltung CPAC (Conservative Political Action Committee) statt. Im Mai 2025 trafen sich dort die Führer der rechtsnationalen Parteien Europas, von Georgien bis Spanien, und lauschten den Plänen Orbáns: «Nach Amerika werden auch wir Europäer unsere Träume zurückerobern und Brüssel einnehmen.»[61] Den georgischen Premierminister Irakli Kobachidse, der Georgien soeben in die russische Einflussphäre zurückgeführt hat, nannte er ‹meinen Helden› und attestierte ihm, ‹gegen die ganze liberale Welt gewonnen› zu haben.[62] Beides, die Nähe zu Putin's Russland wie auch die Rehabilitierung nationalsozialistischen Gedankenguts, ist einigermassen erstaunlich für den Anführer eines Landes, das sowohl von den Nazis als auch von der damaligen Sowjetunion besetzt und gewaltsam unterdrückt wurde.

Es ist schwer zu sagen, ob Orbán seine reaktionär-nationalistische Weltanschauung nur dazu benutzt, den Ungarn seine Überzeugungen aufzudrängen oder ob sie ein Mittel zum Zweck ist, seine Macht und damit auch seinen Reichtum zu zementieren. Jedes Mitglied seiner Familie besitzt inzwischen Hotelketten, Ländereien, Grundstücke im Ausland, Firmenbeteiligungen, Medienunternehmen und Offshore-Gesellschaften. Wie in allen autokratischen und diktatorischen Regimen ist eine grosse Kamarilla von Oligarchen entstanden, denen Orbán Aufträge, Subventionen und Vorrechte zuschanzt. Lörinc Mészáros, ursprünglich ein fast bankrotter Gasinstallateur in Orbáns Heimatdorf, konnte seinen Umsatz zwischen Orbáns Wahlsieg 2010 und dem Jahr 2016 vertausendfachen und besitzt heute 400 Firmen, darunter Medien, Fernsehgesellschaften, alle Camping-Plätze am Plattensee, eine Bank und anderes mehr.[63]

Unklar sind auch die Besitzverhältnisse an MET, einem Schweizer Unternehmen, das Gas von Gazprom ein- und dann dem ungarischen Monopolisten MOL verkauft, offenbar mit sehr guten Gewinnen. Was die EU-Beiträge an Ungarn betrifft, so schätzt man, dass sie ein jährliches Wachstum von 6 Prozent des ungarischen Bruttosozialproduktes bewirken. Da dieses insgesamt aber wesentlich weniger wächst, heisst das, dass die Wirtschaft in Ungarn im Gegensatz zu den offiziellen Verlautbarungen und mit Ausnahme der subventionierten Industrien schrumpft anstatt zu wachsen. Dazu trägt auch die Tatsache bei, dass zwischen einem Viertel und einem Drittel aller EU-Beiträge in den Taschen Orbáns und seiner Adlaten verschwindet und so zum Erhalt des Regimes eingesetzt wird. Das alles wird bis heute von der EU toleriert, teils aus Angst, dass Ungarn ansonsten ganz ins russische Lager abwandern könnte, teils aus vermeintlichem Eigeninteresse, weil gerade die deutsche Autoindustrie von den grosszügigen Subventionen für neue Fabriken in Ungarn profitiert hat. Dass Deutschland der grösste Nettozahler der EU ist und damit auch den größten Teil der Beiträge an Ungarn trägt, wurde wohl unter dem Titel ‹Realpolitik› mit Schweigen übergangen.

Von Ungarn fliegen wir weiter nach Indien, wo der ‹starke Mann› Narendra Modi seit zehn Jahren an der Macht ist. Indien ist unter seiner Führung vom amerikanischen Demokratieforschungsinstitut Freedom House von einer freien Demokratie herabgestuft worden zu einer nur noch teilweise freien Demokratie.[64] Seine Ideologie heisst ‹Hindutva›, die Ansicht, dass Indien den Hindus gehört und alle anderen, insbesondere die 200 Millionen Muslime, die seit Jahrhunderten in Indien leben und Indien massgeblich mitgeprägt haben, Bürger zweiter Klasse sind und benachteiligt, verfolgt, eingesperrt oder ausgewiesen gehören.

Wie so viele ‹starke Männer› die die Geschichte nach ihren Vorstellungen und zu ihrer eigenen Legitimation umdeuten wollen, hat sich Modi auch um neue Geschichtsbücher für den Unterricht in der Schule gekümmert. 2017 setzte er eine ausschliesslich aus Hindus zusammengesetzte Kommission ein, die die früheste Geschichte Indiens neu zu schreiben und dabei eine nicht existierende Kontinuität von den Ursprüngen Indiens bis zum heute dominierenden Hinduismus zu konstruieren hatte. Eine andere Kommission redigierte die neuere Geschichte und strich die Rolle der Mogule, der islamischen Herrscher Indiens vom 16. bis zum 18. Jahrhundert, zusammen. Dass Gandhi von einem fanatischen Hindu und Mitglied der RSS (zu deutsch: Reichsfreiwilligen-Bund), eben der Jugendorganisation, in der Modi gross geworden ist, umgebracht wurde, wurde ebenfalls gestrichen, genauso wie alle Verweise auf das Pogrom in Gujarat 2002, bei dem mehr als 1000 Muslime umgebracht wurden, während Modi Premierminister von Gujarat war. Eine von Modis Politikerinnen, die einer Anschlagsserie mit sieben Toten verdächtige und den Religionskrieg predigende Abgeordnete Sadhvi Pragya, bezeichnet den Mörder von Mahatma Ghandi als ‹grossen Patrioten›. Das wohl berühmteste Denkmal Indiens, der Taj Mahal, von einem ‹Mogul› (islamischer Herrscher) gebaut, figuriert in der Broschüre der Tourismusbehörde nicht mehr.

Der Hinduismus selbst ist eine Erfindung. Sicherlich gibt es uralte religiöse Texte, die Veden, aus dem indischen Raum. Und sicherlich haben diese und andere Kulturbestandteile wie das Kastensystem Indien geprägt und die sonst sehr unterschiedlichen, multikulturellen örtlichen und regionalen Gemeinschaften untereinander verbunden. Der Hinduismus als Ausdruck einer einheitlichen Religion und einer einheitlichen Nation wurde aber erst 1925 ‹erfunden›, als K. B. Hedgewar und M. S. Gowalkar nach einem Italien-Besuch voller Begeisterung für Mussolini und die faschistische Bewegung heimkamen und die Bewegung Rashtriya Swayamsevak Sangh (RSS) gründeten. Nach der Ermordung Gandhis wurde sie aus Verfassungsschutzgründen verboten, nach einigen Jahren im Untergrund aber wieder zugelassen. Aus ihr ist 1951 die Bharatiya Janata Party (BJP) hervorgegangen, Modis Partei.

Wenn auch die RSS eindeutig vom Faschismus inspiriert wurde, die Thesen Hitlers übernahm und auf indische Verhältnisse übertrug – so wenig wie die Deutschen mit den Juden zusammenleben könnten, so wenig könnten die Hindus mit den Moslems zusammenleben –, so verblüfft doch die Parallelität ihres Gedankengutes mit demjenigen der heutigen Populisten. Erstens behauptet sie für die Hindus eine eindeutige Identität; zweitens sehen sie die Hindus als unterdrückte

Mehrheit; und drittens sprechen sie ihnen damit einen eindeutigen Opfer-Status zu.

Im internationalen Umgang mit Indien und seiner Regierung herrscht eine Art *benign neglect* gegenüber den autoritären und rassistischen Bestandteilen der indischen Politik vor, die die BJP und Modi in Gang gesetzt haben. Ob es die Hassreden des besonders fanatischen BJP-Politikers Yogi Adityanath, des Chefministers von Uttar Pradesh und Kandidaten für die Nachfolge von Modi, sind; die Umsatzsteuerbefreiung von Hassfilmen gegen Muslime wie der Kassenschlager ‹Kashmir Files›; die wiederkehrenden, von BJP-Politikern ausgelösten Pogrome wie dasjenige in Delhi im Februar 2020, bei dem 38 Menschen ums Leben gekommen sind; die Hetzjagd regierungsnaher Schlägertruppen auf Studierende und Personal einer Spitzenuniversität; oder die Erstellung von Bevölkerungsregistern mit dem Zwang, einen Wohnsitz in Indien vor 1971 nachzuweisen – was viele während des Teilungskrieges 1947/48 geflüchtete Muslime nicht können – andernfalls die Ausweisung droht: alles wird in den westlichen Ländern mit einem Schulterzucken zur Kenntnis genommen, denn alle sind beeindruckt vom vorgeblichen Wachstum Indiens und der Möglichkeit, dort Ersatz für das wirtschaftlich schwächelnde und politisch immer bedrohlichere China zu finden. Aber einerseits scheint es mit dem Wirtschaftswachstum Indiens schon wieder abwärts zu gehen. Die Korruption, in Indien sowieso endemisch, unter autoritärer Führung jedoch immer ein unverzichtbares Mittel zum Machterhalt, und die politische Beschädigung dessen, was eine Wirtschaft nachhaltig erfolgreich macht: Erziehung, Forschung, unabhängige Gerichte, eine freie Presse, entfalten ihre zersetzende Wirkung. Anderseits flösst die unbekümmerte Schaukelpolitik, mit der Indien mit dem Westen, aber auch mit Russland Geschäfte machen will und sich um jede Verantwortung im Ukraine-Krieg drückt, kaum Vertrauen ein, dass hier ein verlässlicher und langfristiger Partner für die westlichen Demokratien bereitsteht.

Das Parlament hat unter Modi nicht mehr viel zu sagen. Während vor Modi 60 bis 70 Prozent aller Gesetzesvorschläge von Parlamentskommissionen vorberaten wurden, waren es in seiner ersten Amtsperiode noch 27 Prozent, in seiner zweiten gar nur noch 13 Prozent.[65] Das Parlament tagt denn auch nur rund 60 Tage im Jahr, während die meisten Parlamente auf der Welt um die 160 Tage in Session sind. 43 Prozent der 2019 gewählten Abgeordneten waren wegen begangener Verbrechen angeklagt, 29 Prozent wegen schwerer Verbrechen wie Mord und Vergewaltigung. Mit den 2018 eingeführten ‹Wahl-Obligationen› ist unlimitierter, aber intransparenter Parteienfinanzierung Tür und Tor geöffnet worden, und wie durch Zufall hat Modis Partei BJP bis 2020 so viel von dieser Finanzierung erhalten (655 Millionen US-Dollar) wie die nachfolgenden 51 Parteien zusammen.

Unterdessen geht die Regierung systematisch gegen ihre Feinde vor. In erster Linie sind das die Medien. Unabhängige Verlage und Netzwerke werden mit Vorwürfen von Geldwäscherei, illegaler Finanzierung aus dem Ausland oder Steuerhinterziehung drangsaliert, bis sie auf eine regierungstreue Linie umschwenken. Lizenzen für unabhängige Fernsehstationen werden nicht mehr erneuert. Inserate und Werbung der Regierung werden ausschliesslich gleichgeschalteten Medien zugehalten. Kritische Journalisten werden weder zu Pressekonferenzen der Regierung vorgelassen noch erhalten sie Zugang zu wesentlichen Informationen. Nützt all dies nichts, so wird der gut organisierte Social Media-Apparat der BJP auf Journalisten losgelassen. Falschmeldungen werden über sie verbreitet, Name und Adresse veröffentlicht, bis sie täglich mit Vergewaltigung und Tod bedroht werden. Und wenn gar nichts mehr hilft, gehört durchaus auch Mord an Journalisten zum Repertoire. 17 waren es 2017, sechs im Jahr 2018. Auf der Liste der Medienfreiheit ist Indien inzwischen auf Platz 159 abgestiegen, von insgesamt 180 eingestuften Ländern.[66]

Und noch eine letzte Gemeinsamkeit mit anderen populistischen Regimen, die sich wie ein roter Faden durch alle so regierten Länder zieht, soll hier erwähnt werden: Eine der ersten Massnahmen von Modi war die Schaffung des sogenannten Ayush-Ministeriums, das traditionelle indische Heilmethoden erforschen und fördern soll. Dieses Ministerium hat beim Ausbruch der Corona-Pandemie der Bevölkerung Ratschläge zur Prävention gegeben, die vom Einnehmen von Arsen über Ingwerwasser und Sesamöl bis hin zu ayurvedischen Arzneien aus Zimt, Chicorée und Quitte gingen. Überhaupt war die Modi-Regierung eine derjenigen, die im internationalen Vergleich am schlechtesten mit der Pandemie umgingen und ihrer Bevölkerung einen hohen Zoll an Leben und wirtschaftlicher Not abverlangte. Corona hat vielen Populisten und Anhängern autoritärer Regierungsführung einen Vorwand geliefert, ihre Macht auszubauen. Sie waren sehr langsam dabei, präventive Massnahmen gegen die Ausbreitung des Virus zu ergreifen, aber sehr schnell dabei, den Sicherheitskräften zusätzliche Aufgaben zu übertragen, das Notrecht zu aktivieren und demokratische Rechte auszusetzen.

Reisen wir von Indien etwas weiter nach Osten, kommen wir zu den Philippinen. Rodrigo Duterte hat 2024 zugegeben, dass er als Bürgermeister der Millionenstadt Davao auf Mindanao selbst «6 bis 7 Menschen umgebracht» hat und ist vor Gericht stolz zu seiner Politik als Präsident der Philippinen gestanden, die aussergerichtliche Tötungen von sogenannten Drogenhändlern und Drogensüchtigen ermöglicht hat. Auf der Grundlage von willkürlich erstellten Namenslisten wurde die Polizei angehalten, Verdächtige zu erschiessen. Schon eine einzige unbewiesene Anschuldigung – ein neidischer Nachbar, ein zerstrittener Konkurrent – konnte für unschuldige Menschen den Tod bedeuten. Rund 30.000 Menschen wurden in Dutertes Zeit umgebracht, ohne Verfahren, ohne Strafe. «Hitler hat drei Millionen Juden massakriert. Nun, es gibt [hier] drei Millionen Drogenabhängige. Ich würde sie gerne abschlachten», sagte Duterte der Presse 2016.

Auch Duterte hat, wie Orbán und Modi, alles getan, um kritische Medien zum Schweigen zu bringen. Dem kritischen Fernsehsender ABS-CBN, dem grössten in den Philippinen, wurde nach jahrelangem Kampf die Sendeerlaubnis entzogen. Maria Ressa, die mit dem Friedens-Nobelpreis ausgezeichnete Gründerin der Investigativ-Plattform ‹Rappler›, wurde gnadenlos mit Vorwürfen der Steuerhinterziehung verfolgt, die wiederholt Untersuchungshaft, unbezahlbare Bussen und die Unterbrechung des Betriebs zur Folge hatten. «Nur weil Du Journalistin bist, schützt Dich das nicht vor der Ermordung, wenn Du ein Hurensohn bist», meinte Duterte zu ihrem Fall. Es ist nur ihrem unbeugsamen Mut und der Unterstützung durch die internationale Zivilgesellschaft zu verdanken, dass sie körperlich und geschäftlich überlebt hat. Die Philippinen sind eines von 96 Ländern, die die Covid-Pandemie zur Einschränkung der Pressefreiheit benutzt haben, indem die Verbreitung ‹falscher Nachrichten› mit Gefängnisstrafen geahndet wurde.

Philippinische Politiker wie die Senatorin Leila de Lima, die die aussergerichtlichen Tötungen angeprangert hatte und dazu Anhörungen im Senat durchführte, wurde unter dem Vorwurf, einem Drogenring vorzustehen, verhaftet und sass bis zum Ende der Präsidentschaft Dutertes im Gefängnis. Auch die oberste Richterin des Landes, Maria Lourdes Sereno, wurde mit fingierten Vorwürfen ihres Amtes enthoben.

Wer mit einem Achselzucken über die Verbrechen populistischer Regierungschefs hinweggeht und dies den Verhältnissen in der Dritten Welt oder den Zyklen in der Politik anlasten will, übersieht, dass das Verhalten dieser Politiker tiefe und langanhaltende Spuren in der Gesellschaft hinterlässt. Da ist zum einen eine aggressive und vulgäre Rhetorik und die Beleidigung und Einschüchterung aller, die nicht ‹für ihn› sind. Da ist zum zweiten die Untergrabung des Vertrauens in den Rechtsstaat. Wenn 30.000 Menschen umgebracht werden können, ohne dass auch nur einer dieser Morde juristisch geahndet wird, dann sinkt das Vertrauen der Bevölkerung in den Rechtsstaat. Und wenn die Auswahl der Ermordeten willkürlich ist, auf Denunziationen und unbewiesenen Behauptungen beruht, und sich die Morde meist innerhalb der ärmeren Quartiere abspielen, dann schafft dies ein Klima der Angst und des Misstrauens, das intakte soziale Beziehungen zerstört. Umfragen zeigen, dass 80 Prozent der Philippinos den Drogenkrieg à la Duterte gut finden, aber dass ebenfalls 80 Prozent Angst haben, selbst zum Opfer zu werden.[67]

Reist man weiter von Asien nach Zentral- und Südamerika, so stösst man auf Venezuela, das der Linkspopulist Hugo Chávez vor über 20 Jahren zu einer Autokratie und sein Nachfolger Nicolás Maduro zu einer Diktatur umgewandelt haben. Sie haben das Kunststück fertiggebracht, dass ihr Land nur noch 20 Prozent des Bruttosozialproduktes vor ihrer Machtübernahme erwirtschaftet und dass ein Viertel der Bevölkerung armutsbedingt emigrieren musste. «Politics is a matter of life and death», kommt einem hier in den Sinn, wenn die Lebenserwartung einer Bevölkerung um zehn Jahre sinkt und lebensrettende Medikamente nicht mehr erhältlich sind. Während Chávez und Maduro jedoch eher dem traditionellen Bild eines südamerikanischen Caudillo entsprechen, so sind Andrés Manuel López Obrador in Mexiko und Jair Bolsonaro in Brasilien Populisten neuen Schlages. Wie so viele Populisten eint sie die Abneigung gegen die Corona-Pandemie, die irgendwie nicht in ihr Konzept passt. Beide haben es abgelehnt, ihr persönliches Verhalten wegen Corona zu ändern und mit gutem Beispiel voranzugehen. Beide haben es versäumt, Massnahmen zur Eindämmung von Corona und zur Verminderung der Schadenswirkung der Pandemie zu ergreifen. Hunderttausende sind deshalb in diesen Ländern unnötigerweise dem Corona-Virus zum Opfer gefallen, und wenn regionale Gouverneure und Stadtregierungen in beiden Ländern nicht eigenständig Initiativen ergriffen hätten, so wäre die Bilanz noch um vieles negativer ausgefallen. Ziel aller Populisten war während der Pandemie nicht, Leben zu retten, sondern ihre Macht zu mehren.

Im Vergleich der beiden ist López Obrador erfolgreicher im Umbau oder vielmehr Abbau des demokratischen Staates gewesen als Bolsonaro. Seine Nicht-Wahl 2006 hat er so wenig akzeptiert wie Trump 2020 und Bolsonaro 2024. 2024 wurde López Obradors Verfassungstreue nicht mehr auf die Probe gestellt, weil die ihm loyale Kandidatin und Nachfolgerin Claudia Sheinbaum die Wahlen gewann. Kurz vorher baute er aber noch schnell die Justiz um, wo sich insbesondere das Oberste Gericht gegen einige seiner sogenannten Reformen – insbesondere die weitgehende Abschaffung der unabhängigen Wahlbehörde INE – gestemmt hatte. Die Richter am Obersten Gericht werden jetzt gewählt und nicht mehr ernannt, wohl deshalb, weil seine Partei auf diese Weise die besten Chancen hat, ihre Kandidaten durchzubringen. Tatsächlich haben neun Kandidaten der Partei von López Obrador im Juni 2025 alle neun zu vergebenden Sitze am Obersten Gericht gewonnen, bei einer Wahlbeteiligung von 13 %. Erstaunlich ist die anhaltende Popularität beider Präsidenten, von denen der eine seine letzte Wahl knapp verloren hat und um seine Wiederauferstehung kämpft, während der andere sein Amt an seine handverlesene Nachfolgerin übergeben konnte. Erstaunlich deshalb, weil sie bei keinem der grossen Probleme, die ihre beiden Länder plagen, auch nur den geringsten Erfolg vorzeigen können. Steigende Gewalt, expandierende Drogenkartelle, Mangel an Arbeitsplätzen für junge Menschen, fehlendes Wirtschaftswachstum und ausufernde Korruption: Weder Bolsonaro noch López Obrador haben hier irgendwelche Verbesserungen erzielt.

Näher bei den beiden venezolanischen Caudillos Chávez und Maduro denn bei den Populisten neuen Stils Bolsonaro und López Obrador liegt Recep Tayyip Erdoğan, der seit 2002 an der Macht ist. Sein Regierungsstil hat seit 2014 Jahren diktatorische Züge angenommen. Ihm wird der Spruch zugeschrieben, wonach Demokratie wie ein Zug sei, aus dem man aussteige, wenn man das Ziel erreicht habe. Nach anfänglichen wirtschaftlichen und gesellschaftlichen Erfolgen führt er die Türkei nun in jeder Beziehung ins Abseits: wirtschaftlich, da – einmal mehr – Korruption und eine inkompetente Wirtschafts- und Finanzpolitik für hohe Inflation, tiefes Wachstum, hohe Verschuldung und zunehmende Verarmung weiter Teile der Bevölkerung sorgen; gesellschaftlich, da erstens der behauptete Putsch von 2016, die Säuberungen, die er seither im Staatsapparat durchgeführt hat und denen rund 150.000 Staatsangestellte zum Opfer gefallen sind, zweitens die an das ottomanische Reich gemahnende Zensur von Schulen, Universitäten und Kultur sowie drittens die aggressive Kurden- und Aussenpolitik die Türkei um Jahrzehnte zurückgeworfen haben. Am 19. März 2025 hat er jede Maske fallen lassen und Oppositionsführer Ekrem Imamoglu verhaftet, dann den Anwalt von Imamoglu, dann den Anwalt des Anwaltes und zuletzt den Anwalt des Anwaltes des Anwaltes. Der sonst gerne gegen jede Zensur wetternde Elon Musk sperrte auf Verlangen Erdoğans den Account von Imamoglu auf X mit 9,7 Millionen Followern, und Erdoğan selbst kommentierte: «Er wollte Präsident werden, jetzt ist er Geschichte. Schauen wir einmal, wie viele CHP'ler (die Partei Imamoglus, Anm. des Autors) mit

Präsidentschaftsambitionen noch zugrunde gehen werden.»[68] Trumps Sondergesandter Steve Witkoff befand zwei Tage später: «There's just a lot of good, positive news coming out of Turkey», während sein Chef Trump nochmals zwei Tage später meinte: «Turkey is a good place and its president a good leader.»[69]

Viele von den Eigenheiten, die wir auf unserer Reise zu populistischen geführten Ländern vorgefunden haben, zeichnen auch die europäischen Populisten aus, selbst wenn sie zum Zeitpunkt der Niederschrift dieses Buches – mit Ausnahme von Orbán, Kazyński, Meloni und Fico – noch nicht an der Macht waren.

Corona: Der österreichische FPÖ-Chef Herbert Kickl hat ein Pferdeentwurmungsmittel gegen das Virus empfohlen, den Widerstand eines Teils der Bevölkerung gegen die Corona-Lockdowns jedoch mit untrüglichem Instinkt zu grossen Wahlerfolgen ummünzen können. Man muss sich vorstellen – da bewirbt ein Politiker ohne jedes Verantwortungsgefühl eine Politik, die den Tod vieler Tausend Menschen zur Folge gehabt hätte und wird dafür von eben diesen Menschen gewählt.

Korruption: Marine Le Pen und ihre Partei haben die EU um 5,4 Millionen Euro betrogen. Sie, die immer alle Politiker für korrupt erachtet und strenge Strafen für sie reklamiert hat, fühlt sich jetzt als Opfer einer Justiz-Hetze und sieht in der Anklage gegen sie einen ‹Angriff auf die Demokratie›. Es ist zu erwarten, dass ihre Wähler eher ihr glauben als der Justiz, weil Fakten gar nicht mehr wichtig sind, sondern nur noch ihre emotionale Interpretation.

Unhaltbare Versprechen: Verweilen wir noch ein bisschen bei Marine Le Pen. Ihr Wahlprogramm bei den Parlamentswahlen 2024 versprach den Franzosen, das Rentenalter auf 60 Jahre herabzusetzen, den Mindestlohn um mehr als 10 Prozent zu erhöhen, Reiche stärker zu besteuern, Privatunternehmen zu verstaatlichen, der Nahrungsmittelspekulation Einhalt zu gebieten und die Todesstrafe wieder einzuführen. Und alle kriminellen Ausländer auszuschaffen, der Migration Einhalt zu gebieten und nur an Frankreich, das grosse Frankreich, zu denken, obwohl Le Pen seit neuestem nicht mehr aus der EU austreten will. Orbán macht vor, was in der EU auch ohne Austritt möglich ist. Auf der anderen Seite des politischen Spektrums in Frankreich haben Mélenchon, ein grosser Bewunderer von Maduro, und seine Bewegung ‹La France insoumise› (*nomen est omen*) ein sehr ähnliches Programm. Populisten haben für alle Probleme einfache, aber nicht realistische Lösungen («Ich werde den Krieg in 24 Stunden beenden!»).

Les extrêmes se touchent. Wer neben den Gemeinsamkeiten von Le Pen und Mélenchon noch eines weiteren Beweises bedarf, wie nahe links- und rechtsextreme Ideologien beieinander liegen, möge nach Deutschland schauen, wo das Bündnis Sahra Wagenknecht (BSW), eine Abspaltung der Partei ‹Die Linke›, einer ehemals kommunistischen Partei, und die Alternative für Deutschland (AfD) beide in Ostdeutschland besonders erfolgreich sind und beide eine pro-russische und anti-ukrainische Haltung einnehmen. Und beide sind dort am stärksten, wo 1932 schon die NSDAP am stärksten war.[70]

Skrupellosigkeit: Berlusconi und Blocher sind beide Unternehmer. Beide sind auf undurchsichtige Art und Weise zu ihren Milliarden-Unternehmen gekommen. Blocher sollte das Unternehmen seines Arbeitgebers verkaufen und verkaufte es an sich selbst, ohne seinen Arbeitgeber davon zu informieren. Berlusconi wiederum kam binnen weniger Jahre in den Besitz von Fernsehkanälen, die 85 Prozent der Italiener als Publikum hatten und 95 Prozent aller Fernseh-Werbeeinnahmen in Italien generierten. Möglich geworden war dies dank der Gesetzgebung des damaligen Ministerpräsidenten Bettino Craxi, der ein enger Freund von Berlusconi war. Was unverfänglich tönt, ist es in Wirklichkeit nicht: Einen Grossteil seiner Zeit als Ministerpräsident Italiens verwendete Berlusconi dazu, seine rechtlichen Probleme – Bestechung, Steuerhinterziehung, Geschäftsbeziehungen zur Mafia – zu lösen. Skrupellosigkeit bedeutet immer auch das Fehlen von ethischen Grundsätzen, die dem Wirken eines jeden, aber auch einer ganzen Nation übergeordnet sein sollten.

Machtbesessenheit: Als eine der letzten bleibt noch Giorgia Meloni. Sie ist bis jetzt die vorsichtigste von allen Populisten, seit sie Ministerpräsidentin ist. Doch sie strebt mit grossem Nachdruck eine Verfassungsänderung an, von der sie hofft, dass sie ihre Macht auf viele Jahre hinaus zementieren würde. Die stärkste Partei soll bei den Parlamentswahlen einen grossen Bonus erhalten, wie die Fides in Ungarn. Und der Ministerpräsident soll vom Volk gewählt werden statt vom Parlament. Sie geht davon aus, dass sie auch in einigen Jahren noch die populärste Politikerin Italiens sein wird. Alle Populisten versuchen, entweder die Verfassung oder die Institutionen so abzuändern, dass die demokratischen *checks and balances* ausgesetzt sind und ihre Macht auf lange Zeit gesichert ist.

Nun bleibt noch, als *pièce de résistance*, der Fall Trump und seine 77 Millionen Wähler.

Als Präsident sprach Trump zwischen Februar 2017 und August 2019 bei 64 öffentlichen Auftritten über 500 Mal über Immigranten.[71] 189 Mal bezeichnete er sie dabei als Kriminelle, 32 Mal als Mörder und 31 Mal als Raubtiere. Während seines Wahlkampfes erschienen von Januar bis August 2019 auf Facebook 2199 sogenannte ‹Invasion›-Beiträge.[72] Am 2. August 2019 erschoss Patrick Crusius in El Paso 21 Menschen. Seine Facebook-Seite war voller Trump'scher Anti-Immigration-Slogans, und in seinem Manifest zur Tat schrieb er, sein Anschlag sei eine Antwort auf die Invasion der lateinamerikanischen Menschen.

Von diesen Latinos stimmten 2024 41 Prozent für Trump. Sind sie es, die Trump in seinen Reden meint, mit Aussagen wie: «Unser Land steht seit langer Zeit unter Belagerung. Ihr seid das echte Volk. Ihr seid das Volk, das diese Nation erbaut hat.»? Oder meint er nur ‹seine› Republikaner: «Wir ziehen zum Capitol, um den schwachen Republikanern den notwendigen Stolz und Mut zu geben, um unser Land zurückzuholen?»

Trotz MAGA (oder MAGAA, wie der Economist spöttelte, Make America great again, again, denn er hat es ja von 2016 bis 2020 schon getan) hat Trump eine unerklärliche Schwäche für Russland. Viele behaupten, finanzielle Motive spielten dabei eine entscheidende Rolle. Russland habe Trump vor dem Bankrott gerettet. Die Aussage seines Sohns Eric von 2014: «We don't rely on American banks. We have all the financing we need from Russia», deutet in diese Richtung. Andere behaupten, Trump sei sogar erpressbar, weil die russische Regierung im Besitz von ‹Kompromat› (belastendes, für eine Erpressung geeignetes Material) über ihn sei. Als Geheimdienstkoordinatorin Tulsi Gabbard zu ernennen, die in den letzten Jahren durch ein Geheimtreffen mit dem inzwischen ehemaligen syrischen Präsidenten Baschar al-Assad, Verständnis für den russischen Angriff auf die Ukraine und die Weitergabe russischer Propagandalügen aufgefallen ist, wie beispielsweise derjenigen, dass Selenski korrupt sei und die USA in der Ukraine Biowaffen herstellen lassen würden, scheint jedenfalls kein geeigneter Weg, die USA gross zu machen. Auch die Anordnung von Verteidigungsminister Pete Hegseth an das US Cyber Command, alle Aktivitäten, die sich gegen die Bedrohung durch Russland richten, einzustellen (ein Viertel der 5800 Soldaten des Cyber Command waren damit beschäftigt), widerspricht eklatant allen Erfahrungen der letzten Jahre.[73]

Genauso erstaunlich ist die Umwertung des russischen Überfalls auf die Ukraine und die Verweigerung von Waffenhilfe an die Ukraine. Stattdessen führt Trump Telefongespräche über wirtschaftliche Zusammenarbeit mit Putin, die ‹sehr gut gelaufen› sind und in ‹hervorragender Stimmung› stattgefunden haben und nach denen Putin seine Angriffe jeweils verstärkt[74]. Als einzigem Land der Welt hat Trump Russland keine zusätzlichen Zölle auferlegt, als er am «Liberation day» seinen Zollkrieg ausgelöst hat. Die Republikanische Partei, traditionell Russland-feindlich, schweigt dazu. Trump mag seine eigenen Gründe dafür haben, der Ukraine die Schuld für den Krieg zuzuweisen und Russland bei seiner Agression zu helfen. In seinem Umfeld tummeln sich jedoch Gruppen, die daraus eine Ideologie gemacht haben. Tucker Carlson, der ehemalige Fernseh-Star von Fox News, hat seit jeher russische Propaganda verbreitet. Der einflussreiche Tech-Milliardär Peter Thiel wiederum, aus dessen Stall der Vizepräsident J. D. Vance wie auch der Vordenker der extremen Rechten Curtis Yarvin[75] stammt, scheint stark von den Ideen des Professors Hans-Hermann Hoppe beeinflusst zu sein, der 2002 ein Buch mit dem bezeichnenden Titel «Democracy – the God that failed» geschrieben hat. Curtis Yarvin hat eine Theorie entwickelt, wonach es im Interesse der amerikanischen Rechten sei, ganz Europa Putin zu überlassen. Die populistische und die extreme Rechte in den USA ist, wie diejenige in Europa, Putin-freundlich. Ein Beispiel aus der Schweiz ist Roger Köppel, der langjährige frühere SVP-Nationalrat und Verleger der Weltwoche, die immer wieder Propaganda des russischen Staatsmediums RT publiziert. Bei einer Veranstaltung in Sotschi am Schwarzen Meer sagte er zu Putin: «Ich habe noch nie einen Führer von Ihrer Statur gesehen[76].»

Der Bewunderung von Diktatoren entsprechen andere Verhaltensmuster. So gemahnt das Bedürfnis nach Rache an Menschen mit abweichender Meinung oder abweichendem Verhalten in den Vereinigten Staaten an Mafia-Bosse – oder eben an Faschisten. Es ist heute völlig normal, dass US-amerikanische Senatoren – in diesem Fall Ted Cruz, Tom Cotton und Rand Paul – die strafrechtliche Verfolgung von Anthony Fauci verlangen, der während der Corona-Pandemie Leiter des Beraterstabes des Präsidenten war und sich durch Unabhängigkeit und Kompetenz auszeichnete. Ebenso ist es möglich, dass ein Kommentator von Fox News denselben Anthony Fauci mit Josef Mengele vergleicht, wie auch der Abgeordnete Josh Mandel den Impfzwang mit Nazi-Methoden verglich. Ein anderer republikanischer Abgeordneter, Paul Gosar, tweetete einen Trickfilm davon, wie er die demokratische Abgeordnete Alexandria Ocasio-Cortez umbringen würde. J. D. Vance wiederum, der zukünftige Vizepräsident der USA, bescheinigte dem Teenager Kyle Rittenhouse ‹männliche Tugenden›, weil er zwei Afro-Amerikaner bei einem Black Lives Matter-Protest erschossen hatte[77].

Neben Rache – Trump hat Rache für das Unrecht gegen ihn selbst versprochen, aber auch für alle seine Wähler für was auch immer für Kränkungen, die sie je erlebt haben – ist absolute Loyalität ein zweites Grundprinzip, das Diktatoren, Faschisten, Mafia-Bosse und eben Populisten einfordern. Reputation, Erfahrung, Sachkenntnis, ein sauberer Leumund, das alles sind keine Auswahlkriterien. Ganz im Gegenteil sind viele Populisten und ihre engsten politischen Kreise verurteilte oder angeklagte Straftäter. Paul Manafort, Roger Stone, Michael Cohen, Michael Flynn, Steve Bannon, Rudy Giuliani, alles willfährige Diener Trump's, und natürlich Trump selbst sind allesamt verurteilte Straftäter. Sein erster Kandidat für das Justizministerium in Trumps zweiter Amtszeit, Matt Gaetz, musste seine Kandidatur zurückziehen, nachdem Vorwürfe von Sex mit Minderjährigen und von Drogenkonsum bekannt wurden. Gaetz' Anwaltspartner Joel Greenberg war zu diesem Zeitpunkt schon zu elf Jahren

Gefängnis wegen Mädchenhandel und der Prostitution Minderjähriger verurteilt worden. Pete Hegseth, der designierte Verteidigungsminister, wurde von einer Frau der Vergewaltigung bezichtigt. Auf seiner Brust prangt eines seiner vielen Tattoos mit dem Motto ‹Deus vult›, dem Kriegsschrei beim Aufruf zum ersten Kreuzzug durch Papst Urban II. anno 1095. Dieselben Wähler, die mit Trump das Establishment als korrupten Sumpf bezeichnen, erteilen mit ihrer Stimme Politikern Absolution, die ihr Fehlverhalten zelebrieren und daraus eine Tugend machen. Anstand ist keine Kategorie mehr, die Wähler berücksichtigen oder schätzen würden.

Ein dritter Punkt ist das absolute Fehlen einer Ideologie, der radikale Verzicht auf Inhalte, ausser einem «als Patriotismus verkappten Narzissmus», wie ein Beobachter es treffend ausdrückte. «Avec le vide, les pleins pouvoirs!», sagte Camus, als er die Bilder von Yves Klein sah, der einfarbige, intensiv blaue Bilder ohne Gegenstand und Kontur malte. Das kann man auf den Wahlkampf Trump's übertragen. Ob Afro-Amerikaner, Latinos, Frauen, weisse Arbeiterklasse, Mittelklasse, Oberschicht, Israel-freundliche Juden oder Palästina-freundliche Araber, alle finden einen Grund, warum sie Trump wählen sollen. Ideologie wird hier ersetzt durch eine neue Art der Kommunikation: ein absoluter Verzicht auf Fakten und Umgangsformen; permanente Skandale, für die man sich nicht rechtfertigt; permanente Lügen und Beleidigungen; die ständige Bezweiflung von unabhängigen Informationen als *fake news* und die ständige Behauptung von *alternative facts*; das alles in einer aggressiven, unanständigen und despektierlichen Sprache. «Ich möchte Sie warnen, den Prozess gegen Präsident Trump in seiner zweiten Amtszeit weiterzuführen. Weil [...] hören Sie mal her, Schätzchen! Wir fummeln dieses Mal nicht einfach rum – wir werden Ihren Fettarsch ins Gefängnis bringen, wegen Verschwörung gegen die Rechtsordnung – und das ist ein Versprechen!», sagte Trumps Anwalt Mike Davis auf YouTube an Letitia James gerichtet, die New Yorker Staatsanwältin, die eine Busse von 355 Millionen Dollar gegen Trump erwirkt hatte.[78] Trump selbst liebt es, seine politischen Gegner als ‹Abschaum›, ‹fette Sau›, ‹Ungeziefer›, ‹Verräter› und ‹widerliches Tier› zu bezeichnen.[79] Das Lügen bekommt, wie bei einem Diktator, einen strategischen Wert, weil die Wähler nichts mehr glauben und weil nichts mehr eine Rolle spielt ausser der Inszenierung. Wie Hannah Arendt es 1951 in einem anderen Zusammenhang treffend formulierte: «The ideal subject of totalitarian rule is not the convinced Nazi or the convinced Communist, but people for whom the distinction between fact and fiction (i. e. the reality of experience) and the distinction between true and false (i. e. the standards of thought) no longer exist.»[80]

Auf dem Weg dorthin scheut Trump, sein Kommunikationsdirektor Stephen Cheung und seine Pressesprecherin Caroline Leavitt vor nichts zurück. ‹Vollständige Dominanz› ist das Ziel, wozu sowohl Trump's Schadenersatzklagen in Milliardenhöhe gegen unliebsame Medienunternehmen als auch ihr Ausschluss vom Zugang zum Weissen Haus dienen. Lügen und falsche Aussagen sind Routine. Zusätzliche Budgetdefizite durch die ‹one big beautiful bill› werden so zu riesigen Einsparungen, Filme über die angebliche Ermordung von weissen Farmern in Südafrika entpuppen sich als Szenen aus dem Bürgerkrieg im Kongo, und zum Beweis seiner Sparsamkeit stoppt Trump die Lieferung von 50 Millionen Kondomen in den Gazastreifen, die nie geplant war. Eine schnelle Eingreiftruppe aus agressiven Influencern greift auf den Social Media jeden sofort, persönlich und unter der Gürtellinie an, der sich Kritik an Trump erlaubt. Die Grenzen zwischen Truth Social, seinem persönlichen Kanal, den öffentlichen Verlautbarungen des Weissen Hauses und den Social Media-Kanälen des Weissen Hauses sind fliessend, aber sowohl die verrohte Sprache auf allen Kanälen (‹Fahr zur Hölle, kriminelle Migranten-Monster, dumbest motherfucker, jammernde Verlierer›) als auch die Bilder von Trump als König, Papst oder Badegast an der ‹Riviera des mittleren Osten› sind bewusste Taktik. Die Umwertung aller Werte, die Untergrabung unseres Bezugs zur Wahrheit, sind ebenso gefährlich für die Demokratie wie die Aushebelung der verfassungsmässigen Gewaltentrennung.[81]

Die unverholene Bereicherung und Korruption von Trump und seiner Familie ist zur Genüge bekannt und soll hier nur kurz erwähnt werden.[82] Wie ein Bericht des Repräsentantenhauses von 2024 offenbarte, haben 20 ausländische Regierungen während der ersten Amtszeit Trumps insgesamt 7,8 Milliarden Dollar in Projekte der Familie Trump investiert. In der zweiten Amtszeit setzt sich das munter fort. Im Juli 2025 erzielte Vietnam als eines der ersten Länder eine neue Zollvereinbarung mit einem reduzierten Satz, nachdem es Mitte Mai Projekte für neue Golfplätze und Luxuswohnungen der Familie Trump im Umfang von 1,5 Milliarden Dolar bewilligt hatte. Es wird geschätzt, dass die Familie bisher rund 1 Milliarde Dollar mit Kryptowährungen verdient hat, wovon ein ‹Deal› mit 57 Millionen Gewinn in einem Bericht des U.S. Amtes für Regierungsethik vom 13.6. 2025 belegt ist. Die Krypto-Industrie gehörte zu den grössten Sponsoren in Trump's Wahlkampf, und er zeigte sich dafür erkenntlich, indem er unter anderem Justin Sun, den Gründer der vor allem von Kriminellen benützten Krypto-Handelsplattform TRON, begnadigte wie auch die Firma HDR Global Trading Ltd. in den Seychellen, und zwar einen Tag, bevor sie eine Busse der amerikanischen Behörden für Anlagebetrug über 100 Millionen Dollar hätte bezahlen müssen.[83] In den drei Stunden nach seiner Ankündigung Anfang März 2025, die USA würden eine strategische Bitcoin-Reserve aufbauen, stieg die Börsenkapitalisierung aller Kryptowährungen um 329 Milliarden Dollar. Neben Immobilien und Kryptowahrungen gibt es auch andere Geschaftsfelder, die die Familie beackert. So ist Donald Trump junior zusammen mit Peter Thiel einer der Investoren der «Enhanced Games», der Olympischen Spiele fur Doping-Sportler, die im Mai 2026 in Las Vegas stattfindet.

Beängstigend ist die Entschlossenheit, mit der Trump und seine Unterstützer in der Republikanischen Partei das Wahlprozedere in den USA zu ihren Gunsten ändern. In vielen Staaten haben sie das Abstimmen schwieriger gemacht; in mindestens 16 (Stand 2021) Bundesstaaten haben sie den von ihnen dominierten Parlamenten Befugnisse zugeschanzt, die früher von unparteiischen Behörden und Kommissionen wahrgenommen wurden.[84] Hunderte von Gesetzesentwürfen mit demselben Ziel wurden dazu in 24 verschiedenen Bundesstaaten eingereicht. Dazu passt die ‹grosse Lüge›, die Behauptung Trumps, er habe gewonnen, aber man habe ihm die Wahl gestohlen. 2022, zwei Jahre nach der Wahl, glaubten 70 Prozent der Republikaner diese Lüge; 2024 waren es noch immer 46 Prozent, obwohl die Sachlage glasklar ist. Es ist gut möglich, dass die Wahlen 2024 die letzten freien und fairen Wahlen in den U.S.A. waren und dass Trump eine Wahlniederlage 2026 oder 2028 niemals akzeptieren wird. Der inzwischen schon wiederholte Einsatz von Militär im Inland unter einem erfundenen Vorwand wäre dann nur der Vorbote eines kommenden Staatsstreichs. Populisten gehen gerne davon aus, dass das Land ihnen und ihren Anhängern gehört, dass es ihnen aber gestohlen wurde. O-Ton Sarah Regez, Co-Präsidentin der Jungen SVP, beim Parteitag der Schweizerischen Volkspartei 2023: «Die Schweiz, unsere Heimat. Wir lieben sie. Sie gehört uns. Aber die classe politique hat sie uns weggenommen.»

Als Reaktion auf diesen absoluten Mangel an Werten und Moral und auf die Versuche der Populisten zur Zersetzung der Demokratie sieht man allzu oft Antworten, die sich zwei

Denkschulen zuordnen lassen. Die einen sehen darin eine normale politische Auseinandersetzung. Populisten verkörpern demnach ein alternatives, aber gleichwertiges Programm, das in einer Demokratie seinen Platz haben darf wie jedes andere politische Programm auch. Die Wahl durch das Volk bedeutet auch eine Absolution für alle Vergehen gegen Gesetz und Verfassung, die ein gewählter Politiker in seiner Amtszeit begangen hat. Eine zweite Schule nimmt diese Vergehen gegen Gesetz und Verfassung, die wohlgemerkt auch massive Menschenrechtsverletzungen beinhalten, zur Kenntnis, wiegt sie aber auf gegen die ‹guten Dinge›, die der betreffende Politiker ansonsten getan habe. Beides sollte man kategorisch zurückweisen. Populisten bewegen sich ausserhalb des Spektrums, zu dem wir uns in der Demokratie verpflichten, nämlich die Freiheit und die Gleichheit aller Bürger zu schützen. Sie greifen die Unabhängigkeit der Justiz und der Medien an, was ihnen nebst vielem anderen erlaubt, ihre Korruption zu verschleiern. Sie setzen Polizei und Geheimdienste zur Einschüchterung ihrer Gegner ein. Sie halten keine freien und fairen Wahlen ab und akzeptieren eine Abwahl nicht. In vielen Fällen werden politische Gegner oder auch nur Investigativ-Journalisten zu langen Haftstrafen verurteilt, in manchen werden sie ermordet. Und was die vermeintlichen Erfolge populistischer Regierungsführung betrifft, so verhält es sich bei ihnen fast immer wie mit den Zügen unter Mussolini, die keine Verspätung mehr hatten, weil man über Verspätungen nicht berichten durfte. Populisten wie Diktatoren, man kann es nicht oft genug wiederholen, haben genau zwei Ziele, und nur diese zwei: die Sicherung der Macht und die Verfremdung der Wirklichkeit durch Propaganda.

Kapitel 7: Vom Populismus zum Faschismus

Akademiker und Journalisten streiten darüber, ob Populismus antidemokratisch ist und Anleihen beim Faschismus macht, ganz so wie sie immer akribisch zwischen dem real existierenden Sozialismus – in Ländern wie Russland unter Stalin oder China unter Mao – und dem Faschismus – in Ländern wie Deutschland unter Hitler und Italien unter Mussolini – unterscheiden. Die Lebenswirklichkeit der so regierten jeweiligen Völker war aber sehr ähnlich. In der Praxis helfen uns diese minutiösen Unterscheidungen nicht viel weiter. Von der liberalen Demokratie bis hin zur totalitären Diktatur verläuft ein gradueller Weg, der den Grad von Freiheit und Gewalt bestimmt, der das jeweilige Regime auszeichnet, aber wenig mit der tatsächlichen oder vorgeblichen Ideologie des Regimes zu tun hat. Während unsere liberalen Demokratien ein Höchstmass an Freiheit und Gewaltfreiheit erreicht haben, liegen am anderen Ende die maximal gewalttätigen totalitären Diktaturen Hitlers, Stalins, Maos und Kim Il Sungs, die alle die Gesellschaft, ja den Menschen selbst radikal umbauen wollten und dafür das ganze Land in ein riesiges Konzentrationslager verwandelt haben oder, wie im Falle Hitlers, in einen Krieg trieben, der alles zerstört hat. Dazwischen liegen viele Schattierungen von mehr oder weniger Repression, mehr oder weniger wirtschaftlicher Misere und mehr oder weniger Gewalt. Regime sind auch nicht statisch. Macht macht verrückt, und absolute Macht macht absolut verrückt, wie der britische Historiker Lord Acton schon im 19. Jahrhundert festgestellt hat.[85] Autokratisch gesinnte Führer können halbwegs gut anfangen, aber sie enden immer schlecht. Die Frage ist deshalb nicht diejenige nach der Ideologie, nach den Unterscheidungen zwischen links und rechts, autokratisch und totalitär, sondern nach der Umkehrbarkeit einer Autokratie. Leider zeigt sich diese oft erst nach vielen Jahren, und wer ein Faschist ist, das merkt man oft erst, wenn es zu spät ist.

In Polen, in Indien und in Brasilien ist es vorerst gelungen, Populisten daran zu hindern, die Demokratie ganz abzuschaffen. In den USA hat mit Trump II ein zweiter, entschlossenerer und besser vorbereiteter Versuch begonnen, die Grundlagen des Staatswesens nachhaltig zugunsten eines Führers und einer von ihm dominierten Partei zu verschieben. In Brasilien, Polen, Indien und den Philippinen ist das letzte Wort noch nicht gesprochen, und in vielen anderen Ländern bereiten sich Populisten auf die Machtübernahme vor.

Was die Demokratie charakterisiert, sind nicht nur freie und faire Wahlen und friedliche Machtwechsel, bei denen abgewählte Politiker ihre Macht verlieren. Die Unabhängigkeit der Justiz und damit die Gewaltentrennung, freie Medien, die Achtung der Menschenrechte und die Ablehnung von Gewalt sind ebenso wichtig. Letztlich lebt die Demokratie von einem Bekenntnis zur Gleichheit und Freiheit aller Bürger und zu Spielregeln mit *checks and balances*, an die sich alle halten.

Obwohl nur die Demokratie für Freiheit, Frieden und Wohlstand gesorgt hat, leben nur noch rund 20 Prozent der Weltbevölkerung in freien, demokratischen Ländern, während rund 40 Prozent in teilweise freien Ländern und weitere 40 Prozent in Diktaturen leben. Dies ist die Einstufung des US-amerikanischen Demokratieforschungsinstituts Freedom House. Das schwedische Institut V-Dem sieht bei etwas anderen Beurteilungskriterien 70 Prozent der Weltbevölkerung in Autokratien leben, gegenüber 49 Prozent vor zehn Jahren. Am strengsten urteilt der Economist Democracy Index, der 2024 nur noch 6,6 % der Weltbevölkerung in «full democracies» leben sieht und die U.S.A. seit 2016 als «flawed democracy» einstuft. Der Anteil der im jährlichen World Values Survey Befragten, die lieber einen starken Führer ohne Parlament und Wahlen hätten, ist von 38 Prozent im Jahr 2009 auf 52 Prozent im Jahr 2021 gestiegen. Toxische Polarisierung wurde 2011 in fünf demokratischen Ländern festgestellt, 2021 in 32 Ländern. Ebenso war die Meinungsfreiheit 2021 in 35 demokratischen Ländern bedroht, gegenüber fünf Ländern 2011. Der Anteil der Weltbevölkerung, die von einem konkreten Demokratieabbau betroffen ist, hat sich von 2 Prozent im Jahr 1989 auf 31 Prozent im Jahr 2019 erhöht.[86]

Faschisten achten im Unterschied zu Demokraten weder Frieden noch Freiheit noch Menschenrechte noch Spielregeln. Sie befürworten nicht nur Gewalt, sondern verwenden sie auch, um an die Macht zu gelangen und diese anschliessend zu zementieren. Im Extremfall beinhaltet dies die Tötung eines bestimmten Prozentsatzes der Bevölkerung, wie Stalin, Mao und viele der weniger bekannten kommunistischen Machthaber es mit Tötungsquoten gehandhabt haben. Ziel war nicht so sehr die Eliminierung dieser oft willkürlich ausgewählten 5 oder 10 Prozent, sondern die Terrorisierung und absolute Selbstunterwerfung der verbliebenen 90 oder 95 Prozent der Bevölkerung. Ich benutze hier bewusst den Ausdruck Faschisten, weil ich nicht sicher bin, ob es nicht-faschistische Diktaturen gibt. Ich sehe vielmehr in allen Diktaturen eine grosse Ähnlichkeit mit Mafia-Organisationen, denn beide haben keinerlei Unrechtsempfinden, kämpfen mit zügelloser Gewalt um

Macht und Reichtum und rechtfertigen jede Aggression als Verteidigung gegen die Aggression eines anderen.

In diesem Spannungsfeld zwischen Demokratie und Faschismus steht irgendwo der Populismus. Er wird gemeinhin durch drei Elemente definiert: Elitenkritik; Protest und radikale Opposition; Nationalismus. Er hat mit feinem Gespür die post-moderne Bedeutung der Kränkung, der Opferrolle aufgenommen, die sowohl durch den Ausbau des Sozialstaates (in dem die Zahl unterstützungswürdiger Menschen, die Opfer verschiedener sozial benachteiligter Situationen sind, laufend zunimmt) als auch das Aufkommen der Identitätspolitik (in der jede Minderheit Opfer von Aggressionen war oder ist) gefördert wurde. Populistische Anführer sehen sich selbst immer als Opfer, und sie reden ihren Unterstützern ein, dass auch sie Opfer von dummen, erfolglosen, kriminellen und machtgierigen ‹Loosern› seien. Dann versprechen sie Rache an den Eliten und Genugtuung für ihre Unterstützer. Weil die Welt ein Saustall ist, braucht es auch einen eisernen Besen, um ihn auszukehren, sprich einen starken Mann (in fortschrittlicheren Ländern auch fallweise eine starke Frau wie Marine Le Pen oder Giorgia Meloni). Sie haben immer Recht (Kaczyński: «Wir haben gewonnen, weil wir einfach Recht haben.»[87]), denn wer nicht ihrer Meinung ist, gehört nicht zum ‹Volk› (AfD-Abgeordneter Frohnmaier: «Denn wir sind das Volk»[88]). Mit Recht vermutet man bei ihren Anführern einen ‹autoritären Charakter›, wie Erich Fromm es genannt hat: «Für sie setzt sich die Welt zusammen aus Menschen mit und ohne Macht, aus Über- und Untergeordneten. [...] sie kennen nur Beherrschung oder Unterwerfung, aber niemals Solidarität.»[89] Öfter als in anderen Parteien sind ihre Anführer auch erfolgreiche Unternehmer, *conflict entrepreneurs*, deren skrupelloser Ehrgeiz hier eine weitere Spielwiese findet.

Ihr Stil passt bestens zur heutigen Medienwelt. Mit der Überschreitung der Anstandsregeln erregen sie Aufmerksamkeit, mit maximal vereinfachten Botschaften entsprechen sie der heutigen verkürzten Aufmerksamkeitsspanne, mit Angst, Wut und Vorurteilen bedienen sie die emotionalisierte Gesellschaft. Sie sprechen ihre Wähler auch mit einem ausgesprochenen Egoismus an, denn sie wollen nicht teilen und nicht solidarisch sein – nicht mit den Ausländern, aber auch nicht mit Minderheiten, mit Personen anderer Meinung, mit all denen, die nicht zu ‹ihrem› Volk gehören. Opfer, so ihre Botschaft, haben das Recht dazu, egoistisch zu sein. Nicht umsonst heisst Trumps Programm nicht nur MAGA, sondern auch *America First.* Das Mehrheits-Volk, dessen Vertretung sie beanspruchen, fürchtet seinen Untergang, dem es entweder mit Nostalgie oder mit Angst vor dem ‹grossen Bevölkerungsaustausch› entgegensieht. Das Verlierer-Narrativ ist die Klammer, die die unterschiedlichsten Wählergruppen zusammenhält: von der Frauenemanzipation verunsicherte Männer, Verlierer des wirtschaftlichen Strukturwandels, integrierte Einwanderer, die sich von den nicht integrierten bedroht fühlen, die höhere Mittelklasse, die ihre Privilegien bedroht sieht, Nicht-Akademiker, die vom sogenannten Wokismus überfordert sind, Einwohner abgehängter ländlicher Gebiete. Ihnen allen verheissen sie eine «Zukunft, die die Wiederkehr einer imaginierten Vergangenheit [ist]. Zurück in die Kindheit, wo es uns gutging, als uns alle liebten und uns liebkosten.»[90]

Um feststellen zu können, ob Populisten die Demokratie respektieren oder abbauen wollen, werden vier Kriterien bemüht: Respektiert man die demokratischen Regeln der Verfassung? – Antwort für die meisten Populisten: nein. Respektiert man politische Gegner? – Antwort für die meisten Populisten: nein. Toleriert man, oder fördert man sogar, Gewalt? – Antwort für die meisten Populisten: ja. Ist man bereit, die bürgerlichen Rechte von Oppositionellen einzuschränken, inklusive jene der Medien? – Antwort für die meisten Populisten: ja. Alle Populisten, die an die Macht gekommen sind, haben somit versucht, die Demokratie zu schwächen, um sich an der Macht zu perpetuieren, oder sie ganz abzuschaffen, um eine Diktatur zu errichten. Die Radikalität ihres Vorgehens hängt von ihren persönlichen Neigungen ab, mehr jedoch wohl von den verfassungsmässigen, gesetzlichen, politischen und historischen Umständen in ihrem Land. Populismus ist in jedem Fall eine Vorstufe der Autokratie, in manchen Fällen auch der Diktatur.

Eine Gemeinsamkeit von Diktatoren und Populisten ist, dass «die Tarnung ihrer Unfähigkeit der Kern ihrer Staatskunst ist und nicht der Aufbau von Fähigkeiten» (Krastev/Holmes über Putin[91]). Eine weitere Gemeinsamkeit ist, dass sie lügen, und zwar unverhohlen und ungeniert, sodass es jeder merkt. Konsequenzen oder eine Strafe gibt es nicht. Damit zeigt man Macht über die Wahrheit und eigene Unantastbarkeit. Es ist eine zynische, aber realistische Sicht der Menschen, dass Lügner oft erfolgreicher sind als ehrliche Menschen. Leider zersetzt das permanente Lügen jede Gesellschaft, sodass Fakten und Werte bald keine Rolle mehr spielen, weil niemand mehr daran glaubt. Im Gegenteil werden Werte recht eigentlich ins Gegenteil verkehrt, wie man das bei Putin, aber auch bei Trump sieht. Was in jeder Ethik gut ist, ist plötzlich schlecht, was schlecht ist, gut. Dass man es ständig wiederholt, macht es zwar nicht wahrer, aber man gewöhnt sich daran und merkt gar nicht mehr, wie unmenschlich oder entmenschlicht diese Werte sind.

Da sich Populisten nicht an *political correctness* halten, meinen ihre Anhänger oft, sie seien aufrichtig. Sie wollen dann gar nicht mehr wissen, wie die Faktenlage ist. Für sie ist eine Lüge schon dann ‹wahr›, wenn sie ‹aufrichtig› erzählt wird.

Und wie ein hellsichtiger Kommentator aus Indien festgestellt hat: «Ein brisanter Aspekt der Demokratie ist, dass das Böse, wenn es nur den Schein trägt, einer grösseren, guten Sache zu dienen, ungleich mehr bewegt als Anstand, dem der Ruch von Belanglosigkeit anhängt.»[92]

Unerträglich ist die gerade bei Geschäftsleuten verbreitete Meinung, Autokratien seien im Lösen der Probleme, mit denen wir zu tun haben, letztlich effizienter als Demokratien. Das ist schlicht falsch und zur Genüge bewiesen. Das Gegenteil ist der Fall, denn – wie beim oben beschriebenen Verhalten während der Corona-Pandemie – der Fokus eines Autokraten oder Populisten und seines engsten Zirkels liegt nicht auf dem ‹Glück seines Volkes›, auf dessen wirtschaftlichem, kulturellem und sozialem Erfolg, sondern auf der Mehrung seiner eigenen Macht. Was dies an Fehlallokation von Ressourcen, falschen Prioritäten und verschwendeter Kreativität bedeutet, sehen wir in China, wo in den letzten 10 Jahren all das zerstört worden ist, was in den vorangegangenen 30 Jahren aufgebaut worden war. Wo Chinas Wirtschaft jahrzehntelang stark gewachsen ist und Millionen von Chinesen den Aufstieg aus der Armut in den Mittelstand ermöglicht hat, taumelt die Wirtschaft heute von einer Krise in die nächste. Wo chinesische Universitäten, Forschungsinstitute und Unternehmen früher zu den innovativsten Einrichtungen weltweit gehörten, sorgen heute staatliche Eingriffe, Zensur allenthalben und die Furcht vor rücksichtsloser Repression für abnehmende Innovation und Produktivität. Der nicht nachvollziehbare Umgang mit der Corona-Epidemie hat Chinesen aller Schichten nachhaltig verängstigt. Wegen hoher Jugendarbeitslosigkeit macht sich ein No Future-Gefühl in der Jugend breit. Wer kann, geht ins Ausland. Und wo China bis 2013 ein begehrter Handelspartner und sein Aufschwung und seine Öffnung von allen bewundert wurden, wie das bei den olympischen Spielen in Beijing 2008 zum Ausdruck kam, wird China heute als der grosse Systemgegner gesehen, gegen den man sich mit Ausfuhrverboten für Hochtechnologie, Aufrüstung, antichinesischen Bündnissen wie AUKUS (dem Militärbündnis zwischen Australien, den USA und Grossbritannien), Zöllen und Gesetzen gegen chinesische Firmenübernahmen wehren muss.

Der Ökonom und Nobelpreisträger Daron Acemoglu[93] hat nachgewiesen, dass nur Demokratien zu langfristigem wirtschaftlichem Erfolg fähig sind. Die Entwicklung in den USA verfolgt er mit grösster Beunruhigung: «Ich fürchte, die Historiker werden am Ende dieses Jahrhunderts schreiben, dass das Jahr 2025 den Wendepunkt markiert, an dem der Niedergang der USA begann. Aus vielen Gründen, aber Trump ist der wichtigste.»[94] Auf einer noch existentielleren Ebene hat sein Vorgänger Amartya Sen[95] schon vor Jahrzehnten nachgewiesen, dass es in Demokratien mit einer freien Presse keine Hungersnöte gibt.

Auch wer Populisten nicht als Autokraten einstuft und meint, Trump, Orbán oder Erdoğan hätten der Wirtschaft gutgetan, täuscht sich. Eine Untersuchung des Kiel-Instituts für Weltwirtschaft hat ergeben, dass das Bruttoinlandsprodukt pro Kopf der Bevölkerung und der Konsum 15 Jahre nach der Machtergreifung eines Populisten im Durchschnitt 15 Prozent tiefer liegt als in einem Land, das nie von einem Populisten regiert wurde. Auch die Glücksforschung kommt zu ähnlichen Schlussfolgerungen: je demokratischer, desto glücklicher.[96]

Das Ausmass, in dem Demokratien besser abschneiden als Autokratien und Diktaturen, wird völlig unterschätzt. Indizes wie Kindersterblichkeit oder sauberes Trinkwasser sind um ein Vielfaches besser. Ein anderes Beispiel sind Erdbeben: 2003 gab es im Iran ein Erdbeben der Stärke 6,5, bei dem in der Stadt Bam 26.000 von insgesamt 97.000 Menschen den Tod fanden. Zwei Jahre später, beim Erdbeben der Stärke 7,9 nördlich von Iquique in Chile, starben dort insgesamt nur elf von 238.000 Einwohnern.[97]

Parallel zum oben geschilderten Pfad von der liberalen Demokratie bis zur totalitären Diktatur verläuft auch der Grad an Korruption, der Gesellschaften nicht nur äusserst ungerecht, sondern auch wirtschaftlich erfolglos macht. Ein Diktator kann seine Macht nur erobern und nur behalten, wenn er seine Machtstützen – einen Teil der Elite, Polizei, Militär, Geheimdienste, Richter – permanent und grosszügig besticht. Weniger bekannt ist, dass es auch eine statistische Korrelation zwischen Korruption und Nationalismus gibt.[98] Da Populisten den Nationalismus als Kern ihres Programms pflegen, sind ihre Regierungen auch immer korrupter als diejenigen herkömmlicher Parteien. Das war in Polen unter Kaczyński so, das ist in den USA unter Trump so, das ist in Indien unter Modi so. Dazu tragen alle Massnahmen bei, mit denen populistische Politiker sich die mühsamen *checks and balances* vom Hals schaffen wollen, weil sie ihre Macht einschränken. So werden bald einmal die Kontrolleure in wichtigen Ministerien entlassen, oder den lästigen sogenannten ‹Watch dog›-NGOs wird mit einem Gesetz über ‹Fremde Agenten› das Handwerk gelegt, oder Teile des Budgets werden aus Gründen der nationalen Sicherheit für geheim erklärt. Und natürlich hat man dann auch die Justiz mit Drohungen, Zwangspensionierungen, der Ernennung von loyalen Parteigängern und dem Umbau der Institutionen willfährig und zahnlos gemacht.

Man müsste glauben, dass die Demokratie zur Genüge bewiesen hat, um wie viel besser das Leben in demokratischen Ländern ist als in populistisch, autokratisch oder diktatorisch regierten Ländern. In Ermangelung einer gemeinsamen Kultur, eines *benign patriotism*, und in der Gegenwart einer zersetzenden Medienwelt benötigt sie aber mehr denn je auch den Glauben an eine gemeinsame Zukunft, wie der Londoner Politikwissenschaftler Jonathan White in seinem Buch ‹In the Long Run: The Future as Political Idea› schreibt.[99] Damit haben wir heute Mühe, und zwar in zweifacher Hinsicht. Zum einen steht die moderne Konsumwelt einem längerfristigen gemeinsamen Ziel entgegen. Konsum und die damit verbundene Werbung, der wir seit jüngster Kindheit permanent ausgesetzt sind, fördern eine persönliche, individualisierte Bedürfnisbefriedigung. Sie fördern auch das Verlangen nach einer *instant gratification*, einer unmittelbaren Bedürfnisbefriedigung, die in der Politik ein Ding der Unmöglichkeit ist. Der Horizont für fast alle politischen Probleme misst sich in Dezennien, und die Erwartungshaltung an eine neue Regierung, sofort für Abhilfe bei der Inflation zu sorgen oder sofort die Migration zu stoppen, ist vollständig unrealistisch. Dennoch wird das Viele, was über viele Jahre hinweg gut und immer besser funktioniert – das Erziehungswesen, das Gesundheitswesen, der Verkehr, die Sicherheit, in den meisten Jahren auch die Wirtschaft, der Erhalt des Friedens – ausgeblendet zugunsten der ‹Penetranz der Reste› (Hans Magnus Enzensberger), also zugunsten dessen, was weniger gut funktioniert. Politiker, die wiedergewählt werden wollen, müssen deshalb bei jedem Wahlkampf Versprechungen machen, die sie nicht einhalten können.

Grosse Erzählungen über die Zukunft, wie der Aufbau des Sozialstaates, sind unter diesen Umständen nicht mehr möglich, auch weil die *classe politique* als Spiegel der Gesellschaft insgesamt inzwischen allzu fragmentiert, allzu professionalisiert und allzu polarisiert ist, um sich noch auf eine gemeinsame Erzählung zu verständigen. Parteien und Organisationen wie die Gewerkschaften versteifen sich auf die Maximierung kurzfristiger, aber letztlich von den grossen gemeinsamen Fragen ablenkenden Forderungen für ihre je eigene Klientel. Selbst das Erstarken der Zivilgesellschaft in unseren reifen Demokratien hat den unerwünschten Nebeneffekt, dass die Spezialisierung und Professionalisierung der unzähligen Verbände, Vereine, Stiftungen, Arbeitsgruppen und Interessensgemeinschaften das Lobbyieren für Spezialinteressen verstärkt und die Polarisierung zulasten gemeinsamer Anliegen verstärkt.

Die etablierten Parteien tun sich aus all den bereits erörterten Gründen schwer, den Wählern ein glaubwürdiges Versprechen einer besseren Zukunft zu geben. Das Narrativ vom ‹Ende der Geschichte›, der Zukunftshoffnung der liberalen Demokratie für die ganze Welt, ist nie zu einer emotionalen, grossen Erzählung ausgebaut worden, weshalb es in der Finanzkrise 2008 auch so grossen Schaden genommen hat. Auch die Bewältigung des Klimawandels, die eine grosse Erzählung für die Zukunft sein könnte, wird nur negativ beworben, mit Weltuntergangs-Szenarien auf der linken und Wirtschaftsuntergangs-Szenarien auf der rechten Seite des politischen Spektrums. Errungenschaften wie Freiheit und Frieden werden für selbstverständlich erachtet, und die Freiheit oft als Last statt als Privileg.

Ich habe in diesem Kapitel versucht, den Gründen nachzuspüren, warum so viele Wähler, die in Freiheit, Frieden und Wohlstand aufgewachsen sind, bereit sind, gegen dieses System zu revoltieren. Sie sind bereit, Menschen zur Macht verhelfen, die eigentlich in der psychiatrischen Klinik landen müssten, weil sie in ihrem pathologischen Narzissmus ein grosses Manipulationsvermögen mit absoluter Skrupellosigkeit verbinden. Die Wähler geben Menschen ihre Stimme, von denen sie wissen, dass sie sich nicht an die Regeln unserer demokratischen Gesellschaft halten. Letztlich stellt sich auch die Frage, ob ein Volk, das der Demokratie müde ist, diese per Mehrheitsbeschluss abschaffen kann. Die Gründerväter der amerikanischen Demokratie haben dem hohe Hürden in den Weg gestellt. Verfassungsänderungen sind nur mit einer Zweidrittelmehrheit in beiden Parlamentskammern sowie einer Zustimmung von drei Vierteln aller Bundesstaaten möglich. Auch das deutsche Grundgesetz von 1949 hat, eingedenk der nationalsozialistischen Vergangenheit, die Grundrechte – Menschenwürde, Gewaltenteilung, demokratische Grundordnung – in der Verfassung als ‹unantastbar› definiert. Universalisten sind der Überzeugung, dass Demokratie nicht einfach der Willen der Mehrheit des Volkes oder, um mit Tocqueville zu sprechen, die Tyrannei der Mehrheit sein kann, sondern dass es übergeordnete, universell gültige und immer einzuhaltende Werte gibt wie beispielsweise die Menschenrechte.

Leider bedarf es keiner Verfassungsänderung, um die Demokratie zu schwächen oder ganz abzuschaffen. Hitler hat die Diktatur mit dem Ermächtigungsgesetz durchgesetzt, ohne die Verfassung zu ändern. Für dieses Gesetz hat, wenn auch teilweise unter Bedrohung durch die Schläger- und Mordtruppen Hitlers, eine Mehrheit der damaligen Parlamentarier gestimmt, was für ein Versagen der Eliten spricht. Auch in den USA hat eine republikanische Mehrheit in Abgeordnetenhaus und Senat in den letzten zehn Jahren unzählige Verstösse gegen den Geist der Verfassung begangen oder sanktioniert und damit die Demokratie schwer beeinträchtigt. Letztlich fällt der Elite – in diesem Fall den Parlamentariern und Richtern – zumindest die Rolle des Schiedsrichters zu in einem Spiel, bei dem die eine Seite sich an die Regeln hält, die andere Seite jedoch nicht. Es darf hier keinen Relativismus geben unter Verweis darauf, dass sich die andere Seite auch nicht immer an die Regeln halte. Regelverstösse sollten immer und überall geahndet werden, wenn wir die Demokratie erfolgreich verteidigen wollen. Hier ist die Elite in der Vergangenheit oft blind, selbstzufrieden oder zu kurzfristig orientiert und unfähig oder unwillig zu energischer Gegenwehr gewesen.

Entwicklung demokratischer Indikatoren weltweit (1989–2024)

Jahr	1989	2009	2019	2024
Weltbevölkerung, die in freien Ländern* lebt	39 %	45,5 %	39 %	20 %
Anteil demokratischer Länder am globalen BSP	>80 %	–	>50 %	n.a.
Populistische Stimmen in europäischen Parlamentswahlen	10 %	17 %	24 %	27 %
Anteil der Weltbevölkerung, die von demokratischem Fortschritt* profitiert	21 %	13 %	8 %	6 %
Anteil der Weltbevölkerung, die von Demokratieabbau* betroffen ist	2 %	6 %	31 %	38 %

"19 years of decline in global freedom"
"In 2024, the citizens of 60 countries saw their freedom decline, while their freedom improved in 34 countries"
"The level of democracy is back down to where it was in 1985"
"Democracy is losing out the most in terms of economic power"
"A truly global wave of autocratization"
"The world has fewer democracies than autocracies for the first time in over 20 years"

***Quellen:** Freedom House und V-DEM; Timbro Authoritarian Populism Index; Präsentation des Autors an der Demokratietagung der Schweizer Demokratie Stiftung in Zofingen, 2020

Kapitel 8: ‹Elite kann keine Zukunft›

Eliten spielen beim Aufstieg von Populisten und Diktatoren eine verhängnisvolle Rolle. Der Populismus-Forscher Jan-Werner Müller nennt sie «die von Papens dieser Welt», nach dem deutschen Politiker Franz von Papen, der meinte, er könne Hitler unter Kontrolle halten und ihn auf diese Weise an die Macht gebracht hatte.[100] Es ist eine wichtige Erkenntnis, dass Diktatoren und Möchtegerndiktatoren ohne Beihilfe und Zustimmung der Eliten nie an die Macht gelangen können, ausser vielleicht nach einer Revolution. In den USA sieht man gerade sehr gut, wie Mitglieder der Elite – Milliardäre, Fernsehkommentatoren, Richter, Senatoren und Abgeordnete – einen verhängnisvollen Pakt mit dem Teufel abschliessen, von dem sie sich die Beförderung ihrer eigenen Interessen versprechen. Einmal abgeschlossen, gibt es keinen Weg zurück, ganz egal, wie verheerend sich der Teufel benimmt.

Schon 1995 hat der amerikanische Historiker und Sozialkritiker Christopher Lasch in seinem Buch ‹Die blinde Elite›[101] geschildert, wie sehr sich die Elite in den USA von den ‹normalen› Bürgern verabschiedet hat. Sie lebt in *gated communities* mit privatem Sicherheitspersonal, schickt ihre Kinder in private Schulen, schliesst private Krankenversicherungen mit privaten Spitälern ab und verbringt das Wochenende im privaten Country Club beim Golfspielen. Diese Menschen stehen den Problemen der amerikanischen Gesellschaft entweder gleichgültig gegenüber (‹a tourist's view of the world›), oder sie fühlen sich in ihrer privilegierten Stellung bedroht und wählen deshalb jemanden wie Trump, von dem sie glauben, dass er die Uhr zu ihren Gunsten zurückstellen wird.[102]

Zu allen Zeiten haben die Eliten einen bestimmenden Einfluss auf die Geschicke ihrer Gesellschaften gehabt. Im Unterschied zu früher, als nur die Geburt Zugang zur Elite verschaffte, hat sich die Auswahl der Eliten demokratisiert und beruht zunehmend auf meritokratischen Kriterien statt auf dem Kriterium der Abstammung. Das Konzept der Elite wurde aber mindestens bis 1968 nicht in Frage gestellt. Die Gesellschaft war von Organisationen geprägt, die hierarchisch gegliedert waren: politische Parteien, Verbände, Gewerkschaften, alteingesessene Unternehmen, Medien, Schulen, Universitäten. Viele Bereiche waren dem Staat vorbehalten oder als staatlich reguliertes Monopol organisiert, was heute oft vergessen wird, wenn Liberale die Allmacht und Allgegenwart des Staates kritisieren. Es gab nationale Fluggesellschaften und nationale Telefongesellschaften und nationale Fernsehgesellschaften. Privatschulen gab es in Europa wenige, private Universitäten kaum. Diese Bereiche wurden erst ab den 1980er Jahren zunehmend dereguliert und – einmal mehr dieses Wort, das den Sachverhalt aber genau trifft – dekonstruiert.

Eine Folge dieser gesellschaftlichen Organisation war eine Homogenisierung der Eliten. Auch heute noch ist anzunehmen, dass es mehr Gemeinsamkeiten zwischen einem linken und einem rechten Parlamentarier gibt als zwischen ihnen und ihren Wählern. Eine gemeinsame Tätigkeit, ob das die Mitgliedschaft in einem Sportteam oder die Ausübung des gleichen Berufes ist, zwingt nun einmal zur Anpassung und schafft ähnliche, verbindende Erlebnisse. Anders gesagt, ging von dieser gesellschaftlichen Organisation ein Sog in die Mitte aus, in der Leute mit verbindender Tätigkeit, verbindender Verantwortung und einem teilweise (es war noch die Zeit des Kalten

Krieges) übereinstimmenden Weltbild Lösungen verhandelt und Kompromisse geschmiedet haben.

Diese Lösungen und Kompromisse wurden oft unter Ausschluss der Öffentlichkeit verhandelt. Weder waren die Medien allgegenwärtig, wie das heute der Fall ist, noch bestanden die technischen Möglichkeiten, jedes Gespräch, jedes Treffen, jede Mitteilung aufzunehmen, zu filmen, zu speichern und ‹aufs Netz zu stellen›. Der Ausschluss der Öffentlichkeit erleichtert grundsätzlich die Konsensfindung, da damit jede Profilierungsmöglichkeit und -notwendigkeit wegfällt.

Die Kehrseite des Ausschlusses der Öffentlichkeit waren die ungezählten Skandale und Eigeninteressen, die sich diese Elite gegenseitig zugestand und unter den Teppich wischte. Das fing an mit der Tatsache, dass viele Nazis und Kollaborateure trotz ihres kriminellen Verhaltens im Zweiten Weltkrieg weiterhin Teil dieser Elite waren, zum Teil in leitender Stellung. Das ging weiter mit dem weit verbreiteten Sexismus dieser vornehmlich männlichen Elite, der dem damaligen Weltbild und dem Verhalten der Männer gegenüber den Frauen entsprach. Die allgegenwärtige Korruption war eine weitere Begleiterscheinung dieser Zeit, ob es sich nun um direkte Bereicherung oder um das Prinzip des ‹eine Hand wäscht die andere› handelte. Bis zum Ende des 20. Jahrhunderts war Bestechung in der Privatwirtschaft, im Unterschied zur Bestechung von Amtsträgern und staatlichen Gesellschaften, erlaubt und steuerlich absetzbar, in Deutschland unter dem verniedlichenden Ausdruck ‹nützliche Abgaben›.

Es waren die negativen Seiten dessen, was heute mit dem Begriff ‹Paternalismus› bezeichnet wird, die den Protest der 68er Generation nach sich zog, der recht eigentlich ein Aufstand gegen diese Eliten und ihre dunklen Seiten war, auch wenn kommunistische Destabilisierungsbemühungen eine nicht zu unterschätzende Rolle bei der Entfaltung dieses Protestpotentials spielten. Seit 1968 versuchen wir, die dunklen Seiten des Paternalismus zu überwinden und demontieren dabei Stück für Stück die positiven Wirkungen und Funktionen der Eliten. Man könnte sagen, dass die Elite bis 1968 nach aussen den Eindruck einer hohen ethischen Gesinnung vermittelte und ihre Schweinereien im Verborgenen beging, während seither zunehmend alle Schweinereien öffentlich werden, jedoch gerade in der Politik kaum mehr eine Ethik oder ein Schamgefühl festzustellen ist. Parallel dazu haben wir, wie Olivier Roy in seinem Buch ‹Die Krise der Kultur›[103] feststellt, seit den Zeiten der Inquisition nie mehr so viele geschriebene, oft sogar gesetzliche Normen und Verhaltensregeln gehabt wie heute, die den früheren, ungeschriebenen Verhaltenskodex, die ‹Kultur›, ersetzt haben. Staatlicher Paternalismus hat kulturell-gesellschaftlichen Paternalismus ersetzt.

Das Resultat davon ist, dass die meisten Berufsgruppen, die auch heute noch diese Elite verkörpern, in den Augen der Öffentlichkeit jede Glaubwürdigkeit verloren haben. Das ist erstaunlich, denn die meisten Angehörigen dieser Elite machen einen ausgezeichneten Job. Unsere Wissenschafter entdecken und erfinden in nie gesehenem Tempo bahnbrechende neue Technologien und Methoden, die unser Alltagsleben sehr viel angenehmer machen. Das Gesundheitswesen ist ein Beispiel, das unbestritten als hoch kompetent und innovativ gelten sollte, erhöht sich doch unser aller Lebenserwartung und unsere gesundheitliche Lebensqualität fortlaufend. Und doch gibt es einen namhaften Bevölkerungsanteil, der kein Vertrauen in die Wissenschaft hat, wie sich bei der Corona-Pandemie gezeigt hat. Unsere Manager sind ein weiteres Beispiel für eine Elitengruppe, der die Menschen mit viel Misstrauen begegnen. Dabei muss man anerkennen, dass die überwiegende Mehrheit der Unternehmen langfristig erfolgreich ist, gute Produkte, Dienstleistungen und Arbeitsplätze anbietet und einen wesentlichen

Beitrag zum Wohlstand unserer Gesellschaft leistet. Einige wenige schwarzen Schafe, Abzocker und Pleitiers genügen aber, um diese Leistung zu diskreditieren.

Eine dritte Gruppe, die in der Öffentlichkeit kein Vertrauen geniesst, sind die Politiker. Glaubt man gewissen Umfragen, so traut eine Mehrheit der Bürger ihren Politikern nicht zu, ihre Probleme zu lösen. Wir müssten aber anerkennen und wissen es eigentlich auch, dass wir noch nie so schön gewohnt haben und so gesund geblieben sind wie heute; dass unsere Kitas, Schulen und Universitäten besser ausgestattet sind als je zuvor; dass wir blühende Städte mit einem enormen Kultur- und Freizeitangebot haben; und dass es zwar Armut gibt, aber kaum noch jemand hungern oder frieren muss. Das heisst nicht, dass es nicht immer auch alte oder neue Probleme gibt, die weiter der Lösung harren. Aber auch wenn der moderne politische Betrieb, wie er von den Medien gezeigt wird, mit seiner permanenten Profilierungssucht, der ständigen Zuspitzung und gleichzeitigen Simplifizierung aller Fragen und der ebenfalls permanenten Maximierung der jeweils eigenen Forderungen oft abstossend ist, so muss man doch objektiv anerkennen, dass unsere Gesellschaft nie zuvor so gut politisch verwaltet wurde wie jetzt. Der Vergleich mit vielen anderen, nicht demokratischen Gesellschaften erhärtet diese Feststellung. Selbst die grosse Finanz- und Wirtschaftskrise von 2008, die wie ein Brandbeschleuniger für den Aufstieg des Populismus und das Wiedererstarken der Diktaturen gewirkt hat, wurde unvergleichlich besser bewältigt und überwunden als die Wirtschaftskrise von 1929, die aufgrund falscher Politikrezepte immer schlimmer wurde und den Weg zum Nazismus und dem Zweitem Weltkrieg vorbereitet hat. Aber Tatsache ist, dass wir es beim Populismus, wie schon 1968, wieder mit der Revolte eines Teiles der Bevölkerung gegen die Elite zu tun haben –

diesmal, im Unterschied zu 1968, angeführt von Vertretern ebendieser Elite.

Die Demontage der Eliten, die seit 1968 im Gang ist, hat zunächst einmal bei dieser selbst negative Folgen ausgelöst. Der konservative Teil der Eliten sieht sich seither oft als Opfer und empfindet umso mehr Selbstmitleid, je privilegierter er ist. Es ist auch auffällig, dass reaktionäre Milliardäre sich inzwischen aktiv in die Politik einmischen, Parteien und Kampagnen finanzieren, während liberale Milliardäre lieber Kunst sammeln und sich des Politischen enthalten. Die konservativen Teile der Elite sehen die grösste Bedrohung für sich selbst nicht in ausländischen, aggressiven Diktaturen oder im Klimawandel, sondern im ‹inneren Feind›, den Linken und den ‹Woken›. Dies bringt sie dazu, ihre eigenen konservativen Werte wie Anstand, gutes Benehmen, Vaterlandsliebe und Pflicht über Bord zu werfen oder völlig neu zu definieren. Anders ist es nicht möglich zu erklären, warum die republikanische Elite in den USA, also auch Senatoren, Abgeordnete und Oberste Richter, die einen Eid auf die Verfassung geschworen haben, Trump weiterhin unterstützt, trotz seinem Putschversuch vom 6. Januar 2021.[104] Wie kann es sein, dass die republikanische Elite Hunderte von Verordnungen und Gesetzesvorstössen überall in den USA ein- und durchgebracht hat, die die Integrität der Wahlen und der Wahlbehörden gefährden (per Ende Dezember 2021 hatten 16 Bundesstaaten solche Gesetze angenommen)? Wie kann es sein, dass die republikanischen Senatoren und Abgeordneten eine parteiübergreifende Untersuchung des Sturms auf das Kapitol verhindern? Wie kann es sein, dass das Oberste Gericht dem Präsidenten Immunität für ebendiesen Sturm gewährt?

Zum Versagen der Eliten gehört auch, dass das börsenkotierte Unternehmen Fox News Desinformation in einem Ausmass verbreiten darf, dass Josef Goebbels oder das Orwell'sche

Ministry of Truth ihre Freude daran hätten. Es gilt keinerlei journalistische Sorgfaltspflicht mehr, kein Anstand, keine Grenzen. Starmoderator Tucker Carlson erfindet den Sturm auf das Kapitol vom 6. Januar 2021 neu: Für die Gewalt verantwortlich sind jetzt nicht rechtsextreme Proud Boys und andere Milizen, sondern linksradikale Provokateure. Diejenigen, die zu Haftstrafen verurteilt wurden, sind nun ‹politische Gefangene›, gegen die Biden und Harris einen inneramerikanischen *war on terror* führen. Präsident Trump hat diese Darstellung anlässlich der Begnadigung der Kapitol-Stürmer, die immerhin fünf Tote verursacht haben, übernommen. Biden und Harris sind gemäss Carlson auch schuld am Ukraine-Krieg, und als Mitch O'Connell, der langjährige republikanische Mehrheitsführer im Senat, das Hilfspaket für die Ukraine begrüsste, stelle Carlson ihn an den Pranger: «Für wen arbeitest Du genau? Auf welcher Seite stehst Du? Ich glaube, wir wissen es.»[105]

Wenn man weiss, wie viele Auflagen börsenkotierte Unternehmen zu erfüllen haben, von der Finanzberichterstattung über die Nachhaltigkeitsberichterstattung bis zur Berichterstattung über *Diversity and Inclusion*, und was für aufwändigen Zulassungsverfahren und ständigen Kontrollen ihre Produkte unterworfen sind, dann fragt man sich, warum es überhaupt keine Anforderungen an die journalistische Qualität eines Medienunternehmens gibt. Dies wird zumindest in den USA mit dem hohen Wert erklärt, den man der Meinungsfreiheit beimisst, aber es dürfte eher eine Spätfolge der Reagan'schen Deregulierung in den 1980er Jahren sein, der die Ausgewogenheitspflicht der Medien zum Opfer fiel. Es ist ein gutes Beispiel dafür, wie einerseits Normen und Gesetze in vielen Bereichen auch unseres persönlichen Lebens, zum Beispiel bei der Sexualität, immer strenger und umfassender werden (‹Nur Ja heisst

Ja›), und anderseits das Verhalten in der Öffentlichkeit, gerade von Politikern, keinerlei Anstandsregeln mehr unterworfen ist.

Eine weitere Folge der Demontage der Elite seit 1968 ist, dass sich ein Teil dieser Elite weitgehend von der sie umgebenden Gesellschaft und vom Land selbst unabhängig gemacht hat, wie wir eingangs geschildert haben. Diese ‹blinde Elite› gemahnt in ihrer Selbstbezogenheit an die Aristokraten des Ancien Régime[106], die weder Macht noch Reichtum teilen wollten. «In einer Demokratie spielt eine ausschliesslich mit sich selbst beschäftigte Elite, die die Sorgen der Mehrheit nicht wahrnimmt, einer populistischen Konterelite in die Hände, die ein offenes Ohr für die Sorgen derjenigen Menschen hat (oder zumindest so tut), die sich übersehen und nicht gehört fühlen.»[107] Auch die Spitzen der Wirtschaft engagieren sich kaum mehr im Gemeinwesen oder wenn, dann nur in absolut unverfänglichen Funktionen mit viel Sozialprestige wie bei Stiftungen oder Museen. Ihre Entlöhnung, das habe ich an anderer Stelle festgestellt, ist weit abgehoben von der Entlöhnung ihrer Angestellten. Sie überdurchschnittlich zu bezahlen lohnt sich für die Aktionäre und folgt einem rein opportunistischen Prinzip, missachtet aber die zersetzende Wirkung auf den sozialen Zusammenhalt. Noch dazu schwindet jeder örtliche Bezug des Managements, das oft aus dem Ausland kommt, schon deswegen keine politischen Rechte hat und sich somit auch nicht in der Gemeinschaft engagieren kann und will. Diese Vertreter des Managements sind eine sehr internationale Elite geworden, die *anywheres*[108], die einige Jahre hier, dann einige Jahre dort arbeiten und eine Karriere ohne Bezug zur Gemeinschaft verfolgen, in der sie wohnen.

Auf der anderen Seite haben wir die ‹Bobos›, wie eine inzwischen verbreitete Bezeichnung für die neue städtische Elite der gut ausgebildeten höheren Beamten und der liberalen Berufe lautet. Diese *bourgeois bohème* haben einen örtlichen Bezug, sie haben politische Rechte, sie dominieren die Politik in den grösseren Städten und aus ihnen setzt sich heute das Personal und die Klientel der Linken zusammen. Sie leben idealistisch, sie pflegen einen sanften Materialismus, sie wollen korrekt und kreativ zugleich sein, und sie sind federführend in den Parteiprogrammen der sozialdemokratischen und grünen Parteien in Europa oder der städtischen Demokraten in den USA. Ihre Anliegen – Klimawandel, Schutz der Natur, Entschleunigung, Heimatschutz, Menschenrechte, Emanzipation aller Minderheiten, Freiheit von jedem Zwang (*non-domination*) – sind in den grösseren Städten mehrheitsfähig, werden jedoch von denen, die nicht zu den Bobos gehören, oft als abgehobene Forderungen einer privilegierten Elite empfunden. Zudem gehen die Kosten dieser Politik überdurchschnittlich zu Lasten der weniger Privilegierten, sei es, weil sie in den billigeren Quartieren mit hoher Immigration und überforderten Schulen wohnen, sei es, weil sie keine Alternative zu ihrem Auto haben und ohnehin unter steigenden Energiekosten leiden. Die Wirtschaftsfeindlichkeit der Bobos trifft wiederum bei wirtschaftsfreundlichen Kreisen auf Unverständnis. Beide Verhaltensweisen, die ‹Wokeness› der linken Bobos wie auch die Abgehobenheit der wohlhabenden Rechten, wird von Populisten intensiv bewirtschaftet.

Und obwohl dieses Kapitel vor allem die Eliten zum Inhalt hat, müssen wir auch die breite Schicht derjenigen Wähler erwähnen, die mehr vom Sozialstaat profitieren als sie zu ihm beitragen. Während die Stossrichtung des Sozialstaates, der zu einer gerechteren Gesellschaft führen soll, nachvollziehbar ist, sind viele falsche Anreize es nicht. Insbesondere sollte der Sozialstaat nicht zu einer Bestrafung von Leistung führen, denn ohne unser aller Leistung ist er nicht finanzierbar.

Unter Demokratie versteht man auf nationaler Ebene fast in allen Ländern eine repräsentative Demokratie. Alle vier oder fünf Jahre wird das Parlament gewählt, manchmal der Präsident. Parteien und Kandidaten treten zwar mit einem Programm an, doch sind diese Programme heute oft zu leeren Versprechungen verkommen, die einzig dem Ziel dienen, Aufmerksamkeit zu generieren und Wähler mit finanziellen Geschenken zu korrumpieren. Moderne Wahlkämpfe sind auf das tiefstmögliche Niveau gesunken, da Politiker sich heute direkt an die Wähler wenden können und müssen, während Wahlkampf früher in einer Kaskade von oben nach unten, über Parteien, Gewerkschaften und andere Organisationen verlief, die mehr Zeit und mehr Ruhe für echte Gespräche und Diskussionen liess. Wer nicht in wenigen Sekunden ein paar markige Worte zu komplexen Problemen sagen und dabei grösste Selbstsicherheit zeigen kann, hat heute keine Chance mehr. «Every politician thinks that the voter is deaf – that is why he screams. Every politician thinks that the voter is mentally deficient – that is why he always repeats the same thing. Every politician thinks that the voter is a child – that is why he explains that the world and Brazil are now beginning anew. And then he gives little presents.»[109] Diese Schilderung aus Brasilien von Padre Sabino, einem Armenpriester in Natal, trifft gut auf Wahlkämpfe zu und zeigt den Teufelskreis der Politik, in dem Politiker ihre Wähler für dumm verkaufen und Wähler diese Vorgehens- und Verhaltensweise rechtfertigen, weil sie ehrlichere und anständigere Kandidaten abwählen.

Auch die Professionalisierung und Akademisierung der Politik, die zunehmende Abhängigkeit mancher Politiker von ihrer Wiederwahl, die sich ergibt, weil sie keinen anderen Beruf und keine andere soziale Stellung haben, führt zu einem ‹alles oder nichts›-Verhalten, das Polarisierung fördert und echte Mitsprache der Bürger verhindert. Ein Teil der Souveränität, die früher von den nationalen Parlamenten ausgeübt wurde, ist zudem übergegangen an supranationale Behörden wie die OECD, den IMF und die WTO, an Gerichte, die zunehmend dafür in die Bresche springen müssen, dass die Parlamente wegen politischer Blockaden ihrer Aufgabe nicht mehr nachkommen, und an technokratische Instanzen wie das während der Pandemie viel gescholtene Robert-Koch-Institut in Deutschland, denen allen gemein ist, dass die Wähler keine Mitsprache bei ihrer Besetzung haben. Schliesslich sind die Professionalisierung und das Erstarken von Lobbyisten und Zivilgesellschaft mit ihren Sonderinteressen sowohl der Suche nach raschen Kompromissen als auch dem Gefühl der Gemeinsamkeit abträglich. Statt die Gesellschaft als ein gemeinsames Projekt zu sehen, wollen diese Kräfte ihre eigenen Projekte in der Gesellschaft durchsetzen, oft ohne Rücksicht auf ein übergeordnetes Gemeinwohl. Diese ‹Krise der Repräsentation› (Oliver Nachtwey) fördert das Gefühl von Machtlosigkeit, das viele Wähler in die Arme der Populisten treibt.

Der Wähler weiss in vielen Ländern nicht, was die von ihm gewählte Partei mit seiner Stimme machen wird, mit wem sie eine Koalition bilden und welches Programm sie dann umsetzen wird. Es ist kein Wunder, dass die Wähler sich übergangen und ausgeschlossen fühlen. Deshalb fordern viele eine inklusivere Demokratie. Das können Formen der direkten Demokratie sein, die in Ländern mit einer langen Tradition gut funktionieren und zu mehr Identifikation mit dem Gemeinwesen führen. Das können auch Formen der deliberativen oder aleatorischen Demokratie sein, also die Kombination von Organen, deren Mitglieder gewählt und solchen, deren Mitglieder durch das Los bestimmt werden. Es gibt einige erfolgreiche Beispiele dafür, wie die Lösung der Abtreibungsfrage in Irland. Zweifellos würde ein Los- oder Sortierungsverfahren viele Probleme lösen, die die Wahlen mit sich bringen – angefangen bei den exorbitanten Kosten (16 Milliarden Dollar für die nationalen Wahlen im November 2024 in den USA, bis zu

200 Millionen Dollar für einen Sitz im Senat)[110] über die Vermeidung von Polarisierung während des Wahlkampfes bis hin zur Vermeidung des Wiederwahlzwangs, dem Berufspolitiker unterliegen. Dies alles hätte ein ganz anderes, altruistischeres Verhalten der mit der Politik Betrauten zur Folge.

Bei allen Formen der Demokratie, der direkten, der deliberativen und der repräsentativen, liegt der Teufel im Detail. Wir haben gesehen, dass die ungarische Verfassung zu schwach war, die Autokratie von Orbán zu verhindern. Wir haben auch gesehen, wie gefährlich ein Referendum in einem Land wie England war, das keine Erfahrung mit Referenden hat. Und die deliberative Demokratie ist noch oft ein Feigenblatt, mit dem man Inklusion vortäuscht, ohne die Entscheidungsbefugnisse klar zu regeln. Leider besteht seitens der etablierten Politiker inklusive der Populisten keine Bereitschaft zu weitergehenden Reformen der Demokratie, obwohl unsere Verfassungen inzwischen 75, 100, 150 oder sogar mehr Jahre alt sind und unsere Welt sich stark geändert hat.

Wer ein Versagen der Elite reklamiert, billigt ihr eine herausragende Rolle bei der Verteidigung der Demokratie zu. Das kann auch heissen, dass man das Volk als Gefahr für die Demokratie ansieht. So haben es die Gründerväter der USA gesehen, die alles darangesetzt haben, dass das Volk nur seine Vertreter wählen sollte, keinesfalls aber mitbestimmen konnte. Deshalb wird der Präsident der USA auch nicht von den Wählern direkt, sondern von den Elektoren gewählt, die wiederum vom Volk gewählt werden. Die Gründerväter haben genau unterschieden zwischen den *interchangeables*, den Stimmbürgern, den *influentials*, wie Elektoren, Abgeordnete und Senatoren, und den *essentials*, den Anführern der eigentlichen Wahlsieger.[111]

Andere wiederum trauen der Elite wenig zu – ‹Elite kann keine Zukunft› –, halten das Konzept selbst für undemokratisch und sehen das Volk als eigentlichen Garanten für den Erhalt der Demokratie. Die Krise der Demokratie, die wir erleben, führen sie nicht auf zu viel Demokratie zurück, sondern auf zu wenig. Dem könnte man entgegenhalten, dass nach 1968 immer mehr Gruppen in die Demokratie einbezogen wurden und ihre Mitspracherechte laufend ausgebaut wurden. Dies muss nicht immer die nationale Politik betreffen, sondern viele Bereiche des täglichen Lebens wie die Arbeitswelt, Schulen und Universitäten, oder das Baurecht, wo die Einspruchs- und Mitsprachemöglichkeiten für Nachbarn, Verbände und NGOs erheblich ausgeweitet wurden. Ebenfalls wird Politik heute weitestgehend in der Öffentlichkeit ausgetragen und nicht mehr in den Hinterzimmern der Macht, was die Transparenz erhöht und auch als Teil der Inklusion gewertet werden kann. Dennoch haben sich die demokratischen Ansprüche radikalisiert und zu einem Wutbürgertum geführt, das durch andere Faktoren als den Mangel an Teilhabe bedingt sein muss. «Was als Emanzipation mündiger Bürger angefangen hat, droht sich zu einem Egoismus des Einzelnen gegen die Institutionen zu verkehren», stellt Reckwitz fest.[112]

Kapitel 9: Was tun?

«Il est souvent vain de vouloir conclure.»

Gustave Flaubert

«Wir sind in den USA und in Europa etwas zynisch in Bezug auf die Demokratie geworden.»

Timothy Snyder

Den dramatischen Abbau der Demokratie nehmen wir grossmehrheitlich mit Achselzucken zur Kenntnis. Das weltweite Budget für die Förderung der Demokratie beträgt rund 10 Milliarden Dollar und wird beziehungsweise wurde bis vor kurzem grossteils von der EU und den USA aufgebracht.[113] Im Vergleich dazu werden 11 Milliarden für die neue Kunst- und Anlageform der *non-fungible tokens* ausgegeben und mindestens 64 Milliarden jährlich im Kunstmarkt. Oft trifft man gerade in der Geschäftswelt auf Sympathie oder sogar offene Unterstützung sowohl für Populisten als auch für Diktaturen. Das hat dramatische Fehleinschätzungen auch in der Wirtschaft zur Folge, indem alles auf vermeintlich attraktive Märkte gesetzt wird, nur um dann enteignet zu werden wie in Russland nach dem Ukraine-Krieg, oder grossen staatlichen Eingriffen zum Opfer zu fallen wie in China.

Allerdings müssen wir auch einen Grossteil der enormen Budgetdefizite, die der Westen seit 2008 anhäuft und weiter anhäufen wird, im Zusammenhang mit der Stabilisierung unserer Demokratien sehen. Was unter den sich ständig entwickelnden, tendenziell wachsenden Sozialprogrammen, aber auch unter den Subventionen für den Klimawandel oder einfach für eine veraltete Infrastruktur daherkommt, hat auch eine stabilisierende Wirkung auf unsere Demokratie. Ohne diese Subventionen, von denen weite Kreise der Bevölkerung profitieren, wäre die Zustimmung zu unseren politischen Strukturen wohl viel tiefer, als sie es ohnehin ist, und extreme Parteien wären schon viel häufiger an der Macht. Es ist nicht auszudenken, was passiert, wenn unsere Staaten einmal aus finanziellen Gründen wirklich zur Austerität gezwungen sein werden. Einen Vorgeschmack haben die Jahre nach der Finanzkrise 2008 in gewissen Ländern wie Griechenland geliefert, wo plötzlich populistische Parteien an die Macht gewählt wurden.

Dabei ist absehbar, dass wir für viele Bereiche mehr Mittel zur Verfügung stellen müssen als bisher. Ein erster Bereich ist die Immigration, die, neben ihren problematischen Aspekten wie der irregulären Immigration junger Männer aus gewaltbereiten Kulturen, eine grosse, aber vermutlich sehr rentable Investition in unsere Zukunft ist. Auswanderer und Flüchtlinge wollen nicht nach Russland, China, Saudi-Arabien oder Zentralamerika, abgesehen davon, dass diese Länder gar keine Flüchtlinge aufnehmen. Die Last der Integration dieser Auswanderer und Flüchtlinge liegt zuallererst auf den Ländern der dritten Welt selbst, danach aber auf den Demokratien der Ersten Welt, den USA und Kanada, Westeuropa und Australien. Es liegt in unserem ureigensten Interesse, diese Auswanderer und Flüchtlinge so schnell und so gut als möglich zu integrieren, aus wirtschaftlichen Gründen, weil wir sie als Arbeitskräfte brauchen werden, und aus gesellschaftlichen Gründen, wenn wir die Ghettoisierung dieser Gemeinschaften bis hin zu Kriminalität und Terrorismus verhindern wollen.

Ein weiterer Bereich ist der Klimawandel, den wir sozialverträglich bewältigen müssen und der weit über die Grenzen unserer eigenen Länder hinausgeht, auch finanziell, wenn man an die Folgen des Klimawandels für den ‹Globalen Süden› denkt, der doch kaum zu diesem Klimawandel beigetragen hat. Die Bewältigung des Klimawandels erfordert riesige Investitionen, die aber im Unterschied zu den Erdöl-Schocks der 1970er Jahre nicht einfach in einem Abfluss von Geldern an die Erdölproduzenten resultieren, sondern unsere eigene Wirtschaft und Forschung ankurbeln und langfristig die Renditen abwerfen können, die Infrastruktur-Investitionen auch in der Vergangenheit mit sich gebracht haben.

Ein letzter Bereich schliesslich ist die notwendige Aufrüstung gegen die offen zur Schau getragene Aggressivität der Diktaturen dieser Welt. Leider sind die Ausgaben für Verteidigung so unproduktiv wie die Ausgaben für Sicherheitskontrollen an den Flughäfen, denen sich Milliarden von Fluggästen jeden Tag unterziehen müssen, nur, weil es ein paar Tausend Terroristen gibt. Aber jede Art von Pazifismus ist angesichts der Machtbesessenheit und Aggressivität der zeitgenössischen Diktatoren fehl am Platz. Ob Destabilisierung unserer Gesellschaften durch Sabotage, Einflussnahme auf die öffentliche Meinung, Finanzierung extremistischer Parteien oder Spionage; ob Befeuerung von Bürgerkriegen weltweit; ob kriegerische Akte bis hin zum offenen Angriffskrieg – es gibt nichts, was die Machthaber Russlands, Chinas, Irans oder Nordkoreas nicht tun würden, um uns zu schwächen und ihre Macht nach innen und aussen auszubauen. Diesen grossen Herausforderungen stehen das Problem des *present bias* (eine kleine Belohnung jetzt wird als wichtiger empfunden als eine grössere später) und die Kultur der *instant gratification* (ein Bedürfnis oder eine Forderung müssen sofort befriedigt werden) gegenüber, die beide zu Markenzeichen unserer dekonstruierten Gesellschaft geworden ist. Niemand will mehr leiden, niemand will mehr warten, niemand will mehr verzichten. Kollektiv sind wir nicht mehr in der Lage, Verzicht zu leisten zugunsten eines grösseren Ziels, es sei denn, der Staat federt alle finanziellen Konsequenzen ab, wozu er sich immer mehr verschulden muss. Ein fundamentales Problem der heutigen Politik ist, dass sie mehr verspricht, versprechen muss, als sie halten kann, während das früher, von wesentlich tieferen Ausgangspunkten aus, eher umgekehrt war.

Wir müssen davon ausgehen, dass wir nur noch sehr wenig Zeit zu Gegenmassnahmen haben, um eine weitergehende Revolte der Populismuswähler zu verhindern. Biden hat alles getan und kein Budgetdefizit gescheut, um die alte Mittelklasse wieder aufzubauen mit Hilfe von Investitionen in die Infrastruktur, der Wiederansiedlung von Fabriken und dem Ausbau des Sozialstaates. Dennoch waren vier Jahre seiner Regierung schon genug für die Wähler, um einen anderen Grund für ihre Unzufriedenheit zu finden, nämlich die Inflation. Diese war noch von Trump ausgelöst worden, mit seinen Riesendefiziten und seinem Helikopter-Geld. Biden und die US-Notenbank haben sie wieder in den Griff bekommen, aber es war schon zu spät – die Wähler wollen stets alles jetzt und sofort.

Aber die wirtschaftliche Situation dürfte kaum allein für den Aufstieg des Populismus und die Sehnsucht nach starken Männern verantwortlich sein. Auch Länder mit einem guten Wirtschaftsgang sind zunehmend anfällig dafür. Es ist, das ist die hier vertretene These, die gleichzeitige Dekonstruktion verschiedener Systeme in Wirtschaft, Medien und Kultur, die zu einer gefährlichen Gemengelage führt, wie wir sie seit 100 Jahren nicht mehr gekannt haben, und die einmal mehr das Zeitalter von Aufklärung und Vernunft unterbrechen oder sogar beenden könnte.

Der deutsch-amerikanische Publizist Yascha Mounk schliesst sein Buch ‹The People versus Democracy›[114] mit drei Empfehlungen ab: Wir sollten die Ungleichheit in unseren Gesellschaften reduzieren, die Social Media regulieren und uns um einen neuen Gemeinsinn bemühen. Das tönt nach wenig und scheint sehr einfach zu sein, doch verhindert die bereits eingetretene Polarisierung, dass sich die etablierten Parteien auf einen Konsens verständigen könnten. Populistische Parteien wiederum propagieren Nationalismus und die Unterbindung der Immigration als Lösung.

Bleiben wir kurz bei den drei Punkten: Für die Reduktion der Ungleichheit gäbe es verschiedene Ansätze. Eines wäre ein höheres Wachstum. Im Kerneuropa der zwölf ersten Mitglieder der EU betrug die Wachstumsrate von 1950 bis 1973 im Durchschnitt 4,7 Prozent p.a., von 1974 bis 2008 2,8 Prozent und von 2008 bis 2022 noch 0,9 Prozent. Dazu müsste Energie billiger sein und Regulierungen müssten abgebaut werden, wofür keine Mehrheit zu finden ist. Ein zweiter Ansatz wäre die Erhöhung von Steuern, zum Beispiel der Unternehmenssteuern, die heute unter 15 Prozent der Gewinne liegen, während sie 1950 noch zwischen 40 und 50 Prozent lagen. Infrage käme auch die Erhöhung der Vermögenssteuern. Allerdings beträgt die Staatsquote im Durchschnitt aller OECD-Länder bereits 48 Prozent, beim Spitzenreiter Frankreich sogar 57 Prozent und liegt damit an oder über der Grenze, an der die negativen Effekte für die Wirtschaft die positiven Effekte für den Staatshaushalt überwiegen, wo also Wohlstand vernichtet statt geschaffen wird. Auch ist das Potential dieser Steuern vergleichsweise gering. Am ehesten dürfte eine Erhöhung der Mehrwertsteuer eine Mehrheit finden, da sie alle betrifft und auf einen längeren Zeitraum betrachtet nicht so unsozial ist, wie allgemein vermutet wird. Um Ungleichheit nachhaltig zu reduzieren, dürften Steuererhöhungen aber nicht dazu verwendet werden, den Staat und seine Bürokratie weiter auszubauen, wie das in den letzten Jahrzehnten geschehen ist. Sie müssten stattdessen dazu verwendet werden, die Härten von Reformen wie einem Abbau von Subventionen und falschen Anreizen des Sozialstaates abzufedern. Es ist aber auffällig, dass seit den 1980er und 1990er Jahren kaum mehr echte Reformen möglich waren und dass die wenigen, die umgesetzt wurden wie die Agenda 2010 der Regierung Schröder in Deutschland oder die Pensionsreform von Macron in Frankreich, fast einen Religionskrieg ausgelöst haben, obwohl ihr Nutzen – starker Abbau der Arbeitslosigkeit in Deutschland, Beitrag zur Eindämmung eines nicht mehr finanzierbaren Budgetdefizits in Frankreich – für alle ausser Frage steht. Dies verdeutlicht den Widerstand, den ein dritter Ansatz zu überwinden hätte, nämlich mehr und länger zu arbeiten.

Bei der Regulierung von Social Media hat die EU mit dem Digital Services Act und dem Digital Markets Act einen Anfang gemacht. Entscheidend für eine griffige und einfache Regulierung wäre aber, dass soziale Medien verantwortlich für ihre Inhalte gemacht werden, so, wie es die übrigen Medien auch sind. Dazu konnte sich die EU nicht durchringen. Schon die vorliegende, zurückhaltendere Regulierung hat angeblich amerikanische Konzerne dazu veranlasst, ihre neuen Produkte nicht mehr in der EU einzuführen und anzubieten, weil man den Markt für zu klein und unrentabel hält, als dass die Mühen der Regulierung und das Risiko von Bussen sich lohnten. Dazu kommt die Drohung der amerikanischen Regierung, den Handelskrieg zu verschärfen, wenn die EU schon nur die bestehende Regulierung konsequent anwendet.

In den USA gibt es keine Regulierung und mit Leuten wie Brendan Carr, dem von Trump ernannten Leiter der für die Regulierung der Medien zuständigen Federal Communications Commission, wird es auch keine geben. In den übrigen – ganz oder teilweise – freien Ländern der Welt wie den Philippinen, Indonesien, Argentinien und Brasilien haben die Social Media noch viel höhere Marktanteile im Informationsmarkt, und wiederum gibt es dort keinerlei Regulierung, ja nicht einmal Ansätze dazu. Auch aus anderen Forschungsbereichen wie der Ökonomie oder der Ethik mehren sich die Stimmen, die die Regulierung neuer Technologien fordern, also neben den Social Media auch alle anderen Anwendungen von künstlicher Intelligenz. Begründet wird dies damit, dass neue Technologien durch die heutigen *the winner takes all*-Märkte zu Monopolen führen, die diese neuen Technologien in jeweils eine einzige, der Gewinnmaximierung dienenden Richtung entwickeln. So beruht das Geschäftsmodell aller Social Media auf dem Verkauf von Personendaten an Werbetreibende, während Wikipedia im Vergleich dazu von Crowdfunding-Spenden lebt. Der Unterschied der beiden Systeme ist eklatant, gibt doch Wikipedia kaum zu Hassrede, Verschwörungstheorie, Rassismus, Sexismus oder Antisemitismus Anlass, während die Plattform gleichzeitig ein Vielfaches an seriöser Information liefert. Leider stehen die Chancen auf Verwirklichung auch bei diesem zweiten Punkt, der Regulierung von Social Media beziehungsweise künstlicher Intelligenz, nicht gut.

Die dritte Empfehlung von Yascha Mounk, sich um einen neuen Gemeinschaftssinn zu bemühen, ist wohl die schwierigste. Wie wir gesehen haben, sind unsere Gesellschaften hoch emotionalisierte Gemeinwesen, und es sind oft nicht konkrete Probleme oder wirtschaftliche Schwierigkeiten, die das Wählerverhalten erklären, sondern die Erzählung, das Narrativ, das in dieser dekonstruierten Öffentlichkeit entsteht. So schreibt der Journalist David Brooks über die ‹einfachen› Wähler Trumps, die früheren Arbeiter des *rust belt*, die schlechter gebildeten lateinamerikanischen und afro-amerikanischen Männer: «There is no economic solution to what is primarily a crisis of respect.»[115] Auch der Löwener Professor für Politische Philosophie Stefan Rummens meint: : «I do believe that emotions are part of the solution rather than part of the problem when it comes to defending democracy.»[116]

Die Anhänger von Demokratie und Rechtsstaat müssten also einen entschlossenen Zukunftswillen, eine neue grosse Erzählung entwickeln. Sie müssten dabei auch Verzicht im Interesse übergeordneter Ziele einfordern, statt sich selbst mit immer neuen Versprechungen unglaubwürdig zu machen. Und sie müssten wohl auch Gemeinsinn einfordern und fördern, sowohl bei den Alteingesessenen als auch bei den Neuzugezogenen. Dies könnte gemeinsame Bürgerkunde-Kurse für Schüler, Auszubildende und Neuzugezogene beinhalten, oder die zwangsweise Erfüllung gemeinsamer Aufgaben als Teil der Steuerpflicht. Auch die durchs Los ermittelte, aber zwangsweise Mitarbeit von Bürgern in Parlamenten, Behörden oder Regierungen oder der vermehrte Einsatz direkter Demokratie auf Gemeinde-, Regional- oder Landesebene könnte diesen Gemeinsinn wieder herstellen und die Berufspolitik entlasten, weil sie dann nicht mehr für alles verantwortlich gemacht werden kann. Wieder muss man leider feststellen, dass seitens der etablierten Parteien wenig Bereitschaft zu solchen Reformen besteht, während populistische Parteien sie, man siehe die Plebiszite, die sie gerne organisieren, nur dann begrüssen, wenn sie ihrem Ziel der Machteroberung dienen.

Damit diese oder andere für den Erhalt der liberalen Demokratie unverzichtbaren Reformen eingeleitet werden, ist zunächst einmal bei uns allen ein geschärftes Bewusstsein dafür notwendig, wie gefährdet unsere freie Gesellschaft ist und wie dringend eine Abhilfe ist. Leider neigen viele, allzu viele dazu, «den Kopf zu senken, sich in Watte [zu] packen und ab[zu]schotten, statt den Kopf [zu] heben und für entschlossenes Handeln ein[zu]treten» (Barbara Bleisch).[117] Wir wollen uns einfach nicht unser tägliches Wohlbefinden, unsere tägliche Zufriedenheit, unsere tägliche Selbstverwirklichung beeinträchtigen lassen.

Bei den Politikern müsste das Bewusstsein reifen, dass «the separation into left and right is artificial and outdated, and the real struggle is between the moderates and the extremists», so der israelische Politikberater Yair Zivan.[118] Dies ist zwar ein abgegriffener Spruch, und er wurde bereits vor 40 Jahren genauso wie vor 20 Jahren vorgebracht und jeweils von einer Mehrheit der Politiker verworfen. Diese Politiker lebten aber in einer Welt, in der sie innerhalb einer gesicherten Demokratie für ihre Ansichten kämpften. Waren sie damit erfolgreich, so waren ihre Gegner deshalb nicht zerstört. Ganz im Gegenteil, es waren vielleicht beim nächsten Mal, beim nächsten Thema, ihre Gegner, die erfolgreich waren. Heute hingegen sind wir in einem antagonistischen Kampf mit denjenigen, die die Demokratie nicht respektieren. Sie sind keine Gegner, sondern Feinde. In diesem Kampf kann nur einer gewinnen, und gewinnen sie, dann ist die Demokratie am Ende. «Die Hölle, das mögen die anderen sein (Sartre). Aber jenseits dieser Hölle, die am Ende doch erträglich ist, klafft der antidemokratische Abgrund», so bringt es die deutsche Rechtswissenschaftlerin Sophie Schönberger auf den Punkt.[119]

Danksagung

Mein besonderer Dank gebührt meinem Bruder Prof. Dr. Fitzgerald Crain, der das Rohmanuskript kritisch gelesen und unzählige Anregungen gegeben hat, die für die Ausgewogenheit dieses Essays unverzichtbar waren. Meinem Assistenten Bahman Nikfer gebührt mein Dank für sein Geschick mit allen technischen Anforderungen, die es heute zu erfüllen gilt. Meiner Freundin Elli von Planta für ihren Zuspruch sowie für ihre Wort- oder vielmehr Spruchprägung ‹Elite kann keine Zukunft›. Meiner Freundin Brigitte Cron-Eckhardt habe ich zu verdanken, dass der Schwabe-Verlag sich für mein Manuskript interessiert hat. Und schliesslich danke ich der Schweizer Demokratie Stiftung, die meinen Einsatz für die Demokratie als erste ermöglicht hat, und der Demokratie Stiftung Basel, die diesen Einsatz weiterhin unterstützt.

Anmerkungen

Kapitel 1: Der Mensch von morgen

1 Carel van Schaik u. Kai Michel: Die Wahrheit über Eva. Die Erfindung der Ungleichheit von Frauen und Männern, Reinbek bei Hamburg 2020; Eva Cyba: Geschlecht und soziale Ungleichheit. Konstellationen der Frauenbenachteiligung, Opladen 2000; Waltraud Dumont du Voitel: Macht und Entmachtung der Frau. Eine ethnologisch-historische Analyse, Frankfurt 1994.

2 Ray Kurzweil: The Singularity Is Near. When Humans Transcend Biology, New York 2005.

Kapitel 2: Volk, Nation, Kultur, Klassen

3 Nelson Mandela: Nelson Mandela by Himself. The Authorized Book of Quotations, hg. von Sello Hatang und Sahm Venter, London 2011.

4 UNO-Flüchtlingshilfe: Flüchtlingszahlen, https://www.uno-fluechtlingshilfe.de/informieren/fluechtlingszahlen [14.6.2025].

5 Zahlen auf Statista, https://de.statista.com/statistik/daten/studie/159012/umfrage/anzahl-der-muslime-weltweit/ [14.6.2025] vgl. Berlin-Institut für Bevölkerung und Entwicklung, https://www.berlin-institut.org/themen/international/bevoelkerungsentwicklung-in-afrika, 2024 [14.6.2025].

6 Andreas Reckwitz: Das Ende der Illusionen. Politik, Ökonomie und Kultur in der Spätmoderne, Berlin 2019. Seite 114.

7 «How to Detoxify Migration Politics», in: The Economist. 23. Dezember 2023, S. 11.

8 Ernest Renan: Qu'est-ce qu'une nation? Paris 1882.

9 Jean Twenge: Generation Me. Why Today's Young Americans Are More Confident, Assertive, Entitled – and More Miserable Than Ever Before, New York 2006, zitiert in: Michael Lehofer: Männlicher Narzissmus. Das Drama der Liebe, die um sich selbst kreist, München 2016, S. 72.

10 Christopher Lasch: The Culture of Narcissism. American Life in an Age of Diminishing Expectations, New York 1979.

11 Oliver Nachtwey u. Caroline Amringer: Gekränkte Freiheit. Aspekte des libertären Autoritarismus, Berlin 2022.

12 Andreas Reckwitz: Das Ende der Illusionen, Seite 158.
Wie neuere Untersuchungen in Deutschland jedoch zeigen, ist der Anteil der Beschäftigten im Niedriglohnsektor in den letzten 10 Jahren von 1/5 auf 1/6 zurückgegangen. Siehe Anne Kokenbrink: «Die Lohnschere schliesst sich», in: Frankfurter Allgemeine Zeitung, 6. Februar 2025.

13 Henry Louis Mencken: Prejudices. Second Series, New York 1920.

14 Der kommunistische Abgeordnete Stéphane Peu in der Assemblée Nationale am 15. Januar 2025.

15 Omri Boehm: Radikaler Universalismus, Berlin 2022, Seite 14.

16 Reckwitz, Das Ende der Illusionen, Seite 238.

17 Ebd., S. 14.

Kapitel 3: Dekonstruierte Wirtschaft – der Finanzkapitalismus

18 Zur Firma R. J. Reynolds Nabisco Inc. siehe die gut informierte Seite auf Wikipedia mit weiterführender Literatur: https://en.wikipedia.org/wiki/RJR_Nabisco.

19 Walther Adler, Thomas Luh u. Norbert Schwarz: «Entwicklung von Arbeitseinkommen und Lohnquote – Berechnungskonzepte und Ursachen von Veränderungen», verfügbar unter: DESTATIS. Statisti-

sches Bundesamt, https://www.destatis.de/DE/Methoden/WISTA-Wirtschaft-und-Statistik/2022/02/entwicklung-arbeitseinkommen-lohnquote-022022.pdf?__blob=publicationFile [14.6.2025].

20 «Entwicklung der Geldmenge M3 in der Eurozone von 1999 bis Dezember 2024», verfügbar unter: Statista, https://de.statista.com/statistik/daten/studie/241829/umfrage/entwicklung-der-geldmenge-m3-in-der-euro-zone/ [16.6.2025].

21 «Too Much of a Good Thing», in: The Economist, 5. Februar 2022.

22 Goals. End Poverty in all its Forms Everywhere. United Nations, Department of Economic and Social Affairs. Sustainable Development, https://sdgs.un.org/goals/goal1 [16.6.2025].

Kapitel 4: Ist der Neoliberalismus an allem schuld?

23 «The Scarier Sequel», in: The Economist, 26. April 2025.

24 Details zu diesem Thema bietet die gut recherchierte Wikipedia-Seite https://de.wikipedia.org/wiki/Colloque_Walter_Lippmann [8.7.2025], mit Hinweisen auf weiterführende Literatur wie die von Jurgen Reinhoudt und Serge Audier herausgegebene Anthologie Neoliberalismus: wie alles anfing. Das Walter Lippmann Kolloquium, Hamburg 2019.

25 Rudolph J. Rummel: Death by Government. Genocide and Mass Murder Since 1900, London 1994.

26 Weiterführende Literatur bei Mark Lilla, The Reckless Mind. Intellectuals in Politics, New York 2001.

27 Reckwitz, Das Ende der Illusionen, S. 225.

28 Ebd., S. 226.

Siehe auch Alexis de Tocqueville: ‹Le désir de l'égalité devient toujours plus insatiable à mesure que l'égalité est plus grande›. L'Ancien Régime et la Révolution, 1840.

29 Francis Fukuyama: The End of History and the Last Man, New York 1992.

30 Chantal Mouffe: The Democratic Paradox, London 2000, dt. Fassung: Das demokratische Paradox, Wien 2008.
Jacques Rancière: La haine de la démocratie, Paris 2005, dt. Fassung: Der Hass der Demokratie, Berlin 2010.
Wendy Brown: Undoing the demos. Neoliberalism's Stealth Revolution, New York 2015.
Slavoj Žižek: Living in the End of Times, London/New York 2010.
Ivan Krastev/ Stephen Holmes: The Light that failed, London 2019, dt. Fassung: Das Licht, das erlosch. Eine Abrechnung. Berlin 2019.

31 George Orwell: Notes on Nationalism, Partisan Review 1945, London.

Kapitel 5: Medien ohne Inhalt – dekonstruierte Wirklichkeit

32 Interview von Roger Errera aus dem Jahr 1974, in: New York Review of Books, 26. Oktober 1978.

33 Section 230 (c) (1) des Communications Decency Act (CDA) von 1996, der kodifiziert ist als 47 U.S. Code § 230.

34 Zitiert in der Frankfurter Allgemeinen Zeitung vom 25. Februar 2025: «Für die AfD und für Putin», Kommentar von Michael Hanfeld.

35 Smitha Milli, Micah Carroll, Yike Wang, Sashrika Pandey, Sebastian Zhao, and Anca Dragan. «Engagement, User Satisfaction, and the Amplification of Divisive Content on Social Media», in: PNAS Nexus 4/3, März 2025, abrufbar unter: https://doi.org/10.1093/pnasnexus/pgaf062 [16.6.2025].

36 Till Fähnders: «Facebook und der Völkermord», in: Frankfurter Allgemeine Zeitung, 11. Januar 2025.
Ein anderes Beispiel ist der Fall des äthiopischen Chemieprofessors Mearag, der fälschlicherweise auf Facebook im Oktober 2021 mit Name, Foto und Arbeitsplatz als Kämpfer gegen die äthiopische Regierung denunziert wurde. Facebook lehnte das Ansuchen seines Sohnes auf Streichung dieses Posts ab. Im November 2021 wurde Prof. Mearag ermordet. Facebook hatte seinerzeit das Fact-Checking an eine

Drittfirma mit Sitz in Kenia ausgelagert, weshalb der Sohn von Prof. Mearag dort Klage gegen Facebook erhob. Facebook lehnt jede Verantwortung mit dem Argument ab, als US-Firma könne sie nicht in Kenia verklagt werden. Quelle: «Africa vs Big Tech», in: The Economist, 25. Januar 2025.

37 Michael Hanfeld: «Das tödliche Gift der Plattform X», in: Frankfurter Allgemeine Zeitung, 20. November 2024.

38 Shawn Ryan Show vom 12. September 2024, Interview mit dem Vize-Präsidentschaftskandidaten J. D. Vance; https://www.youtube.com/watch?v=HrgmwtpAsWc [8.7.2025]

39 Aggregierte Zahlen gibt es nur für einzelne Länder. So gingen in Deutschland 2024 erstmals mehr als die Hälfte der Werbeeinnahmen auf das Internet zurück. Für 2025 wiederum wird erwartet, dass von diesen Werbeerlösen im digitalen Raum 72 Prozent an Google, Amazon, Meta und Tiktok gehen. Gregor Brunner «Werbewirtschaft fürchtet die Macht der Tech-Giganten», in: Frankfurter Allgemeine Zeitung vom 22. Mai 2025

40 Oder, in den Worten eines amerikanischen Autors, «a species of cynicism for which nothing is properly understood until it is exposed as corrupt, duplicitous, or hypocritical». Zitiert in Lasch, The Culture of Narcissism, S. 187.

41 Daniel Eckmann: «Anstand hat einen Markt», in: Neue Zürcher Zeitung, 10. August 2016.

42 Jannis Koltmann: «Paradoxon des Missmuts», in: Frankfurter Allgemeine Zeitung, 8. Juli 2025.

43 Diese Serie sollte auf dem französischen Sender M6 am 8. Juli 2010 starten, wurde jedoch nach dem Selbstmord eines Hauptdarstellers wieder abgesetzt. Sie wurde jedoch in den Folgejahren in anderen Ländern gezeigt, so zum Beispiel in Burkina Faso.

44 Bojan Stula: «Jerry Springer. Fights, Camera, Action. Dokumentation auf Netflix», in: Frankfurter Allgemeine Zeitung, 1. Februar 2025.

45 Stephan Russ-Mohl: «Am Ende des Aufklärungszeitalters», in: Neue Zürcher Zeitung, 1. Oktober 2016.

46 Tori de Angelis: «Teens are Spending Nearly 5 Hours Daily on Social Media. Here are the Mental Health Outcomes», in: Monitor on Psychology, Juni 2025, verfügbar unter: https://www.apa.org/monitor/2024/04/teen-social-use-mental-health [16.6.2025].

47 Uli Black: «Einsam, abgehängt, verdrossen», in: Frankfurter Allgemeine Zeitung, 16. Januar 2025.

48 David Wertime: «Meet the Chinese Trolls Pumping Out 488 Million Fake Social Media Posts», in: Foreign Policy, 19. Mai 2016.

49 Anne Applebaum: Autocracy Inc. The Dictators Who Want to Run the World, New York 2024, S. 81.

50 Thomas Fuster: «Umfrage der OECD. Das Vertrauen in den Staat schwindet – nicht aber in der Schweiz», in: Neue Zürcher Zeitung, 11. Juli 2024.

51 zitiert in The Economist, 18.1.2025, «Not poor, just angry»

52 Timothy Snyder im Gespräch mit Boris Marte: «Für ein moralisches Bekenntnis zur Faktizität», in: Wahrheit erstellen, hg. von der ERSTE Stiftung, März 2021, verfügbar unter: https://issuu.com/erstefoundation/docs/erste_stiftung_gb_2021_de-digital/s/15835424 [16.6.2025].

53 The Social Dilemma, Regie: Jeff Orlowski, Netflix, 2020.

54 Timothy Snyder im Gespräch mit Boris Marte, ebda.

Kapitel 6: Das Ende der Aufklärung – der Siegeszug des Populismus

55 Daniele Giglioli: «Dem Opfer stellt man keine Fragen», in: Neue Zürcher Zeitung, 15. März 2017.

56 Boris Kálnoky: «Putin und Orbán, die Retter des Christentums?», in: Deutsche Welle, 30. Oktober 2019, verfügbar unter: https://p.dw.com/p/3SAmD [16.6.2025].

57 Der «grosse Austausch» ist der Titel eines Buches des französischen Autors Renaud Camus von 2010, das in rechtsextremen Kreisen grossen Anklang gefunden und zu einer fixen Idee geworden ist. Brenton Tarrant, der Attentäter eines Anschlags mit 49 Toten in Neuseeland im Jahr 2019, berief sich ebenso darauf wie Stephan Balliett,

der einen Anschlag mit 2 Toten in Deutschland verübte. Und obwohl mit dem ‹grossen Austausch› (deutsche Rechtsextreme reden auch von ‹Umvolkung›) die massenhafte Einwanderung von Muslimen gemeint ist, wird sie gemäss diesen Verschwörungstheoretikern von Juden organisiert. George Soros, der Gründer der Open Society Foundation, der weltweit grössten Demokratiestiftung, ist in rechtsextremen Kreisen zum Inbegriff der jüdischen Weltverschwörung geworden. Unter anderem wirft Elon Musk ihm vor, die Annullierung der rumänischen Präsidentschaftswahlen im November 2024 erwirkt zu haben, bei der der rechtsextreme, bekennend antisemitische Russland-freundliche und von Musk und Vance unterstützte Kandidat Calin Georgescu im ersten Wahlgang 21 % der Stimmen erhielt. Georgescu trat dafür ein, kein Geld von «Brüssel» mehr zu nehmen, «denn wir haben Gott», und aus NATO und EU auszutreten. Das Oberste Gericht Rumäniens begründete die Annullierung dieser Wahlen mit unlauterer Einflussnahme Russlands auf die Social Media in Rumänien, insbesondere Tiktok, das 7,6 Millionen der insgesamt 19 Millionen Einwohner Rumäniens benützen.

58 Am 15. März 2025 kündigte Orbán einen ‹Frühjahrsputz› an und bezeichnete seine politischen Gegner als ‹Wanzen, die den Winter überlebt haben›: «Wir liquidieren die Finanzmaschinerie, die mit korrupten Dollars Politiker, Richter, Journalisten, Pseudozivilorganisationen und politische Aktivisten gekauft hat.» Wenige Tage später wurde im Namen des Kinderschutzes die jährliche Pride-Parade verboten und die Verfassung dahingehend geändert, dass es nur noch zwei Geschlechter geben darf und die Ehe als ‹Lebensgemeinschaft zwischen einem Mann und einer Frau› festgelegt wird. ‹Putzen› und ‹säubern› sind leider Konstanten in der Ausdrucksweise rechtsnationaler Populisten und lassen an vergessen geglaubte Zeiten denken. So hat Markus Dettling, der Präsident der Schweizer SVP, ‹es gerne sauber›, während Markus Frohnmaier, der Spitzenkandidat der AfD bei den Landtagswahlen in Baden-Württemberg, meint: «Wenn wir kommen, dann wird aufgeräumt, dann wird ausgemistet.» Betonte Männlichkeit ist eine weitere Konstante dieses Weltbildes, man findet sie bei Putin (‹verweiblicht›), den Islamisten (‹Entmannung›), der

AfD (‹identitätsgestörte Männer›) und bei Mark Zuckerberg (‹I'm CEO, bitch!›). Siehe auch 'Orban's «Frühjahrsputz», von Meret Baumann, NZZ vom 15.5.2025

59 Lacy Kornitzer: Über Destruktivität. Eine essayistische Einmischung in die inneren Angelegenheiten Ungarns, Berlin 2022.

60 Ebd.

61 Stefan Löwenstein: «Für Orban ist Nawrockis Sieg nur ein Schritt auf einem Weg», in: Frankfurter Allgemeine Zeitung, 5. Juni 2025.

62 Ebd.

63 Ebd. Siehe auch den Wikipedia-Artikel zu Lörinc Mészáros, https://de.wikipedia.org/wiki/L%C5%91rinc_M%C3%A9sz%C3%A1ros und die dort angegebenen Quellen [8.7.2025].

64 Sarah Repucci u. Amy Slipowitz: Freedom in the World 2021. Democracy under Siege, Washington D.C. 2021.

65 «The Ailing Body Politic», in: The Economist, 12. Februar 2022.

66 Rangliste der Pressefreiheit, in: RSF Reporter ohne Grenzen, 2025, verfügbar unter: https://www.reporter-ohne-grenzen.de/rangliste/rangliste-2025 [16.6.2025].

67 Matthias Müller: «Das vergiftete Erbe von Rodrigo Duterte – ein Land voller Furcht, Misstrauen und Überwachung», in: Neue Zürcher Zeitung, 22. Mai 2022.

68 Bülent Mumay: «Erdoğan steckt einfach alle ins Gefängnis», in Frankfurter Allgemeine Zeitung, 8. Mai 2025.

69 «Protests Are the Last Thing Keeping Turkey's Democracy Alive», in: The Economist, 24. März 2025.

70 Die NSDAP erzielte bei den Reichstagswahlen 1932 in Thüringen 42,5 Prozent der Stimmen. Bei der Landtagswahl 2024 erzielten die AfD unter Björn Höcke dort 32,8 Prozent, das Bündnis Sarah Wagenknecht (BSW) 15,8 Prozent und die Linke (Nachfolgerin der SED) 13,1 Prozent.

71 Ruth Ben-Giat: Strongmen. Mussolini to the Present. New York 2020.

72 Julia Carrie Wong: «Trump Referred to Immigrant ‹Invasion› in 2000 Facebook Ads, Analysis Reveals», in: The Guardian, 5. August 2019.

73 «Trump und die USA. Schulterschluss mit Russland gegen Europa», Michael Hanfeld, in: Frankfurter Allgemeine Zeitung, 5. März 2025.

74 Sofia Dreisbach, Friedrich Schmidt: «Keine Kritik, keine Sanktionen, keine Ergebnisse» in: Frankfurter Allgemeine Zeitung, 19.5.2025

75 Der in Europa wenig bekannte Curtis Yarvin schrieb auf seinem Blog schon darüber, ob man die Obdachlosen von San Francisco zu Biodiesel verarbeiten könne und ob es eine humane Alternative zu Genozid gäbe, die dasselbe Resultat wie Massenmord erziele, aber ohne das moralische Stigma. Er scheint in der Trump-Administration durchaus Einfluss zu haben. So haben J.D. Vance und Stephen Miller, der stv. Stabschef Trumps, ihn nachweislich zitiert. Die von Trump geäusserte Idee, alle Palästinenser auszusiedeln und Gaza zur Riviera des mittleren Ostens zu machen, stammt ebenfalls von Yarvin. Der Tech-Milliardär und Trump-Unterstützer Marc Andreessen nennt ihn einen ‹guten Freund›. Ava Kofman: «Curtis Yarvin's Plot against America», in: The New Yorker, 2.6.2025

76 Kira Kramer: «Putins Wort in Köppels Ohr» in: Frankfurter Allgemeine Zeitung, 30.4.2025

77 Offenbar besteht in den USA ein loses Netzwerke auf den Social Media, das unter Manosphere bekannt ist und auf dem sich sowohl rechtsextreme als auch extrem frauenfeindliche Gruppen austauschen. Eine der ersten Amsthandlungen der Administration Trump war starker Druck auf Rumänien, das in der Folge die wegen Menschenhandels und sexueller Ausbeutung verhafteten und angeklagten Manosphere-Stars Andrew und Tristan Tate frei- und ausreisen liess. Andrew Tate behauptete im Februar 2025, er habe direkt mit Barron Trump, dem jüngsten Sohn Trumps, gesprochen: «I'm very close with the Trump family. I know them well. I spoke to Barron after the incident.... (Anm. des Verfassers: dem Attentat auf Trump während des Wahlkampfs 2024)» Siehe u.a. «Es geht hier nicht um Rumänien, sondern um die Zerstörung Europas», Interview mit Dominik Fritz in der FAZ vom 5.3.2025

78 Constantin Seibt: «Seien Sie freundlich! Denn der Faschismus ist zurück», in: Republik, 12. November 2024.

79 So den demokratischen kalifornischen Gouverneur Gavin Newsom, den er *Newscum* nennt, oder die nach Irland ausgewanderte Schauspielerin Rosie McDonald.

80 Hannah Arendt: The Origins of Totalitarianism, New York 1951.

81 Miha. «Brutal auf breiter Front» in: FAZ vom 8. März 2025. Sofia Dreisbach: «Beleidigungen als Strategie» in: Frankfurter Allgemeine Zeitung, 30. 6. 2025.

82 https://en.wikipedia.org/wiki/Enhanced_Games [5. 7. 2025]

83 Winand von Petersdorff: «Krypto-Krösus Trump und seine neuen Freunde» in: Frankfurter Allgemeine Zeitung, 26. 6. 2025; hena./lid./guth.: «Zoll weg, Golfplatz her: Wie Trump in Vietnam gewinnt» in: Frankfurter Allgemeine Zeitung, 4. Juli 2025

84 «Walking Away. The Republican Party and Democracy», in: The Economist, 1. Januar 2022.

Kapitel 7: Vom Populismus zum Faschismus

85 «Power tends to corrupt, and absolute power corrupts absolutely». Lord Acton in einem Brief an Bischof Mandell Creighton aus dem Jahr 1887. Acton-Creighton Correspondence, Cambridge Online Library of Liberty.

86 Quellen: Freedom House, Varieties of Democracy (V-DEM), Timbro Authoritarian Populism Index, World Values Survey.

87 Stefan Locke: «Siegreich auf dem Land», in: Frankfurter Allgemeine Zeitung, 3. Juni 2025.

88 Rüdiger Soldt u. Friederike Haupt, «Markus Frohnmaier will Ministerpräsident werden», in: Frankfurter Allgemeine Zeitung, 10. Mai 2025.

89 Erich Fromm: Die Furcht vor der Freiheit. 2. Auflage, Stuttgart 2006.

90 Giglioli, «Dem Opfer stellt man keine Fragen», ebda.

91 Krastev/Holmes, Das Licht, das erlosch, S. 161.

92 Chandrahas Choudhury: «Die Demokratie war Indiens Stärke – Modi nutzt nun ihre Schwäche aus» in: Neue Zürcher Zeitung, 5.7. 2019

93 Daron Acemoğlu u. James Robinson: Why Nations Fail. The Origins of Power, Prosperity, and Poverty, New York 2012, dt. Ausgabe: Warum Nationen scheitern. Die Ursprünge von Macht, Frankfurt a. M. 2013.

94 Interview in der Neuen Zürcher Zeitung vom 8. Februar 2025.

95 Amartya Sen, Development as Freedom, New York 1999.

96 Siehe z. B. den OECD Happiness Report in TheGlobalEconomy.com: https://www.theglobaleconomy.com/rankings/happiness/OECD/ [16.6.2025], oder John F. Helliwell, Richard Layard, Jeffrey D. Sachs, Jan-Emmanuel De Neve, Lara B. Aknin u. Shun Wang: World Happiness Report 2023, verfügbar unter: https://happiness-report.s3.amazonaws.com/2023/WHR+23.pdf [16.6.2025].

97 «Erdbeben von Bam 2003», Wikipedia, https://de.wikipedia.org/wiki/Erdbeben_von_Bam_2003 [16.6.2025]; zum Tarapacá-Erdbeben siehe https://en.wikipedia.org/wiki/2005_Tarapac%C3%A1_earthquake [16.6.2025].

98 «Looters with Flags», in: The Economist, 2. September 2023.

99 Jonathan White: In the Long Run. The Future as Political Idea, London 2024.

Kapitel 8: ‹Elite kann keine Zukunft›

100 Siehe auch Jan-Werner Müller: Was ist Populismus? Ein Essay, Berlin 2016.

101 Lasch, The Culture of Narcissim.

102 Ein vergleichsweise unwichtiges, aber exemplarisches Element der wieder zunehmenden Entfernung zwischen Klassen ist die Einführung der Business Class und der Business Lounges weltweit Ende der 1970er und Anfang der 1980er Jahre.

103 Olivier Roy, L'aplatissement du monde: La crise de la culture et l'empire des normes, Paris Seuil 2022

104 Christian Weisflog: «Amerika findet nicht zu sich», in: Neue Zürcher Zeitung, 6. Januar 2022.

105 Christian Weisflog: «TV-Moderator Tucker Carlson macht Stimmung für Putin und entzweit die Republikaner im Ukraine-Konflikt» in: Neue Zürcher Zeitung, 29. Januar 2022.

106 Anklänge an das Ancien Régime finden sich im populistischen Milieu zuhauf. Trump lässt sich auf seinem White House-Kanal abwechselnd als König und als Pabst abbilden. Er sieht sich ‹von Gott gerettet, um Amerika wieder grossartig zu machen› (Inagurationsrede) und sieht sich über Gesetz und Verfassung stehend (‹he who saves the country breaks no law›, Post auf Truth Social). Libertär-rechtsextreme Tech-Milliardäre wie Peter Thiel und Alex Karp (‹The technological Republic›) befürworten eine Art Techno-Monarchie, bei der ein CEO das Land autoritär führt, aber fast alle staatlichen Funktionen von Privatfirmen ausgeführt werden. Das Auslöschen der Aufklärung und der Revolution von 1789 war auch ein Ziel der Nationalsozialisten.

107 Krastev/Holmes, Das Licht, das erlosch.

108 David Goodhart: The Road to Somewhere, London 2017.

109 Padre Sabino Gentile, ein brasilianischer Armen-Priester, in: Nicole Miescher, Off-Site, Basel 2008.

110 Daten von OpenSecrets, verfügbar unter: https://www.opensecrets.org/elections-overview/cost-of-election, https://www.opensecrets.org/elections-overview/most-expensive-races [16.6.2025].

111 Bruce Bueno de Mesquita u. Alastair Smith: The Dictator's Handbook. Why Bad Behavior Is Almost Always Good Politics, New York 2011.

112 Reckwitz, Das Ende der Illusionen, S. 274.

Kapitel 9: Was tun?

113 Jörn Grävingholt u. Oliver Schlumberger: Demokratieförderung. Quo vadis? in: Das Parlament. Aus Politik und Zeitgeschichte

8, Februar 2009, verfügbar unter: https://webarchiv.bundestag.de/archive/2010/0625/dasparlament/2009/08/Beilage/005.html [16.6.2025].

114 Yascha Mounk: The People vs. Democracy. Why Our Freedom Is in Danger and How to Save It, Cambridge 2018.

115 Brooks, David: «Voters to Elites: Do You See Me Now?», in: The New York Times, 6. November 2024.

116 Stefan Rummens: «Resolving the Paradox of Tolerance», in: Militant Democracy and Its Critics. Populism, Parties, Extremism, hg. von Anthoula Malkopoulou u. Alexander Kirshner, Edinburgh 2019, S. 112–132.

117 Barbara Bleisch: «Was stört, fordert heraus», in: Neue Zürcher Zeitung, 21. September 2024.

118 Yair Zivan: The Center Must Hold, London 2024.

119 Sophie Schönberger: Zumutung Demokratie, München 2023.

Das Signet des Schwabe Verlags ist die Druckermarke der 1488 in Basel gegründeten Offizin Petri, des Ursprungs des heutigen Verlagshauses. Das Signet verweist auf die Anfänge des Buchdrucks und stammt aus dem Umkreis von Hans Holbein. Es illustriert die Bibelstelle Jeremia 23,29: «Ist mein Wort nicht wie Feuer, spricht der Herr, und wie ein Hammer, der Felsen zerschmeisst?»